INTERPRETANDO A
DIOS

ESCUCHANDO LA VOZ DE DIOS PARA TI MISMO Y PARA EL MUNDO QUE TE RODEA

SHAWN BOLZ

PRÓLOGO POR BILL JOHNSON

Interpretando a Dios
Escuchando a Dios Para Ti Mismo & Para el Mundo Que Te Rodea

Copyright © 2017, Shawn Bolz

Hay descuentos especiales disponibles de acuerdo a la cantidad de compra hecha por empresas, asociaciones, y otros. Pedidos de librerías y mayoristas de Estados Unidos - para más información, contactar al autor a través del correo electrónico mencionado anteriormente.

Diseño del interior: Renee Evans, www.reneeevansdesign.com
Diseño de la portada: Yvonne Parks, www.pearcreative.ca

Primera Edición, 2017
ISBN: 978-1-947165-09-0

Editorial: ICreate Productions, PO Box 50219, Studio City, CA 91614, www.bolzministries.com

El nuevo libro de Shawn Bolz, Interpretando a Dios, es una lectura maravillosa, llena de conocimientos prácticos, interesantes y poderosas historias que ilustran sus puntos de enseñanza. Leí el libro de una sola sentada durante un vuelo a Asia y me fue difícil dejar de leerlo. Invito a todo aquel que quiera aprender más sobre profecía que compre y lea **Interpretando a Dios**.

No sólo quiero recomendar el libro, quiero recomendar al autor, recuerdo haber orado por él hace veinte años cuando su ministerio no era muy conocido y quiero decirle al lector que Shawn se ha convertido en un ministro profético muy sano, que ha compartido palabras muy poderosas y exactas que han motivado enormemente a miles de personas.

RANDY CLARK,
Orador, Fundador de Global Awakening
Autor y Coautor de más de cuarenta libros, incluyendo There Is More!

Una de mis metas de vida es ver surgir una cultura basada en el honor en nuestra comunidad de creyentes, especialmente entre la comunidad profética. No podemos continuar con inseguridad, competencia y envidia. Conozco personalmente a Shawn Bolz y he sido testigo de su viaje ministerial por más de veinte años. El libro que tienes en tus manos es el fruto de "la unión de generaciones", con muchos años bajo su andar, un don que es innegable y un estilo de vida que exalta a nuestro señor Jesucristo, es un honor para mí recomendarte el ministerio y libro de Shawn Bolz.

JAMES W. GOLL,
Orador, Fundador de Encounters Network, Prayer Storm, y God Encounters Training online school, Autor de más de veinticinco libros, incluyendo The Lost Art of Intercession *and* The Seer

Aunque he leído varios libros sobre profecía, no puedo decir que muchos de ellos me hayan cautivado, ¡pero este lo ha hecho! conforme leía **Interpretando a Dios**, llegué a admirar enormemente la transparencia de Shawn Bolz, su humildad y en especial su habilidad para analizar diferentes aspectos de la profecía, sus astutos comentarios bíblicos y teológicos brindan una base sólida para la comprensión de su mensaje y para ponerlo en práctica. ¡Sé que te encantará este libro!

C. PETER WAGNER,
Orador, Vicepresidente de Global Spheres, Inc.
Autor de más de cincuenta libros, incluyendo Churchquake! *y* Acts of the Holy Spirit

Tengo muchos años de conocer a Shawn Bolz, y he pastoreado a su lado en diferentes situaciones. Quiero recomendar de todo corazón su último libro, **Interpretando a Dios**, este libro te ayudará conforme buscas abrir tus oídos para escuchar y prestar atención a la voz maravillosa de Dios, asi como también, crecerás en tu deseo de acercarte a Él, tu vida se verá enormemente enriquecida e iluminada al devorar este libro. Es un placer ser amigo de Shawn, al igual que compañero en el ministerio.

BOBBY CONNER,
Orador, Cofundador de Eagles View Ministries
Autor de varios libros incluyendo la serie Shepherd's Rod

Shawn Bolz es una voz profética de su generación que entiende lo que más importa: nuestra relación permanente con el Señor. Tu vida y tu ministerio se verán afinados y enriquecidos conforme contestes a esta sagrada invitación en **Interpretando a Dios**: el levantarte y sentarte con Cristo en lugares celestiales, es desde este luga,r desde donde podemos soñar con Dios y amar a las personas de forma poderosa.

GEORGIAN BANOV,
Doctor en Divinidad honoris causa, Cofundador de Global Celebration.

No es frecuente poder ver un don profético madurar frente a tus propios ojos. Estoy tan agradecido por Shawn Bolz y su acercamiento a la vida y a la naturaleza de Dios, nuestra gente aquí en la Iglesia de Bethel, Redding, se ha visto profundamente impactada a través de los años por el mensaje que lleva Shawn, cada vez que visita nuestra iglesia, nos promueve y crecemos. **Interpretando a Dios** es una lectura obligatoria para todo aquel que esté interesado en la forma en que Dios ve a la gente y cómo interactúa y se relaciona con nosotros. Te llevará a otro nivel.

ERIC JOHNSON,
Pastor de la Iglesia Bethel, Redding, CA.
Autor de Momentum *and* Christ in You

El libro de Shawn Bolz está lleno de estímulos refrescantes y prácticos con respecto a dar buenas noticias a toda la gente en tiempos de oscuridad e inestabilidad. **Interpretando a Dios** es un mensaje esencial sobre nuestra capacidad de transmitir esperanza y el amor sincero de Dios a través del ministerio de la profecía. Es un honor conocer a Shawn y ver el aumento acelerado de gracia y madurez en su ministerio. ¡Aprovecha la oportunidad de "hacer cosas" y verás lo que realmente funciona!

MICKEY ROBINSON,
Orador, Autor de Falling into Heaven

Considero que este es el libro más importante que he leído sobre el tema de la profecía, Shawn ha establecido las prioridades del corazón que son indispensables para aquel que quiera trabajar y crecer dentro de la profecía. Este libro nos invita a entrar de lleno en una nueva actitud hacia el Nuevo Testamento de transparencia y responsabilidad la cual ha estado notablemente ausente dentro de los círculos proféticos. Las décadas de experiencia de Shawn y el alto nivel de su don profético dan a este libro un gran factor de credibilidad. Leí este libro de punta a punta y lo recomiendo ampliamente para cualquiera que desee trabajar o ser pastor dentro de la profecía.

JOHNNY ENLOW,
Orador, Fundador de RISE—centro de entrenamiento y equipamiento
Autor de la serie The Seven Mountain, *entre otras*

Shawn ha descubierto algo sumamente poderoso y emocionante, que abre una nueva puerta de posibilidades,estoy muy interesado en ver si lo que Shawn ha experimentado puede ser activado en otros, de ser así, esto sería un cambio en el juego del cuerpo de Cristo, esto es lo que el milenio probablemente traerá y es perfectamente lógico que surja ahora, al final de la era de la iglesia, en un hombre joven que ha probado el poder de lo que está por venir.

DR. LANCE WALLNAU,
Consultor de Negocios, Director de The Lance Learning Group
Autor de Invading Babylon *y* Turn the World Upside Down, *entre otros.*

El llamado y propósito supremo de la profecía es liberar y revelar el amor del Padre a un mundo que anhela escuchar y ver. He visto a Shawn manifestar esta realidad una y otra vez mientras viajamos juntos por el mundo. Tiene la autoridad para escribir este mensaje simplemente porque lo vive.

SEAN FEUCHT,
Músico y Fundador de Burn 24-7, Coautor de Fire and Fragrance

Conozco y he observado el ministerio de Shawn Bolz durante años, es un verdadero profeta de nuestra generación con un enfoque único en cuanto a la naturaleza redentora y amorosa de Dios; es un talentoso comunicador y escritor, capaz no sólo de comunicar la palabra de Dios sino los caminos de Dios. Me siento muy agradecida por quién es y por lo que trae al cuerpo de Cristo.

FAYTENE GRASSESCHI,
Oradora, Artista, Música, Fundadora de TheCRY Movement y MYCanada
Autora de Marked *y* Stand on Guard

En el 2001, cuando empecé a escribir The School of the Seers, me pasé dos años leyendo todos los libros que podía encontrar sobre profecía, ángeles, discernimiento, sueños y visiones, más de 150 en total. ¡Desearía que este libro de Shawn Bolz hubiera existido en ese entonces!, una enorme cantidad de errores y desilusiones se pudieron haber evitado al simplemente leer las verdades fundamentales incluidas en este libro, este no es otro libro sobre lo que significan ciertos colores o sobre cómo interpretar sueños espeluznantes, este libro le habla al corazón del aprendiz de profecía y trata con la tierra fértil del corazón, porque si la tierra es buena, entonces la cosecha puede ser bueno. Las historias que Shawn comparte son inolvidables y sorprendentes; y, los puntos con respecto a hablar desde el corazón de Dios y ser responsable por los índices de exactitud son sumamente refrescantes. ¡Este libro es una lectura rápida así que cómpralo, léelo, y vuélvelo a leer!

DR. JONATHAN WELTON,
Orador, Fundador de The Welton Academy
Autor de Normal Christianity, Eyes of Honor, *y* The School of Seers

El mundo ha cambiado y también lo debe de hacer la iglesia, en un mundo en donde la esperanza es desalentada, la visión es borrosa y la gente está desesperada por saber que hay un Dios que los ama, **Interpretando a Dios** es una guía esencial y un regalo a la iglesia para entrenar, inspirar y preparar. Shawn no sólo entrena a la iglesia en cómo "bajar el puente" de comunicación con los que se encuentran enojados con Dios, los ateos y los que están confundidos; también devuelve el amor de Dios a nuestros corazones a través de la motivación y la edificación; como evangelista de algunos de los lugares más difíciles en el país y en el mundo, es de mayor importancia para nosotros contar con un recurso como este en nuestras manos para ayudarnos a ser más efectivos. Este libro nos ayudará a comunicar no sólo la existencia de Dios, sino la verdad de que Dios ama tremendamente a la gente. Recomiendo ampliamente como una herramienta importante para la cosecha de hoy en día.

CINDY MCGILL,
Oradora, Fundadora de Hope for the Harvest Ministries
Coautora de What Your Dreams Are Telling You

Interpretando a Dios es el libro que la iglesia ha estado esperando. Shawn Bolz nos lleva cuidadosamente a través de su viaje de descubrir al Dios que no está "contando los pecados de los que le ofenden". Este libro es un manual para el practicante que alienta e instruye; es refrescante, bíblicamente equilibrado y vivencialmente inspirador. Creo que esta es una palabra para todas aquellas Iglesias que ansían tener un ministerio profético relevante y funcional.

OBISPO JOSEPH L. GARLINGTON,
Obispo Presidente de Reconciliation!, una Red Internacional de Iglesias y Ministros Titulares
de la Iglesia Covenant de Pittsburgh

Lo que más me fascina de **Interpretando a Dios,** es cómo Dios usa la profecía para mostrar sus facetas de amor por nosotros. Cada una de las historias demuestra cómo el corazón de Dios se derrama por sus hijos, usará todo lo que se necesite para amar a alguien adentrándolo en su reino. Dios es celoso de su esposa y nos sigue buscando. Shawn, como joven y ahora como adulto, ha dirigido la profecía de una manera natural que ha sido hermoso ver, ha hecho un trabajo maravilloso con este libro al compartir su revelación de cómo el amor debe ser el objetivo principal de nuestro don profético, especialmente al momento de servir a otros.

BENI JOHNSON,
Orador, Pastor titular de la Iglesia Bethel Church, Redding, CA
Autor de The Happy Intercessor, Prayer Changes Things, *y* What If

Me encanta este nuevo libro **Interpretando a Dios** de Shawn Bolz, es tanto una guía práctica como un trabajo de vanguardia el cual es una lectura obligatoria para todos los que ansíen crecer en el arte de escuchar a Dios. Shawn no es solamente un amigo cercano, es una de las voces principales del ministerio profético hoy en día, cuyo don de la revelación y entrega en su ministerio por las personas es inigualable. Si tú ansias crecer en la profecía y moverte en los dones de la revelación, ¡entonces los conocimientos y enseñanzas de este libro son obligatorias para ti!. Recomiendo este libro ampliamente.

JEFF JANSEN,
Orador, Fundador de Global Fire Ministries International, Director Principal de Global Fire Church y Global Connect. Autor de Glory Rising, Furious Sound of Glory, *y* Enthroned

Un libro sobre profecía que ve el amor como un objetivo más importante que el conocimiento, que se enfoca en construir relaciones más que en ser exactos y que llama a los profetas a hacerse responsables por las revelaciones que reciben. Me conmovió hasta las lágrimas en varias ocasiones al leer las historias proféticas de este libro debido a que muestran el profundo amor con el que Dios nos ama, sobre todo, sentí que había encontrado a un profeta con el corazón de Dios, un profeta que había aprendido a amar (ver Juan13:34-35 y Juan 15:12-17). Me encanta este maravilloso libro.

STACEY CAMPBELL,
Oradora, Cofundadora de Revival NOW! Ministries y Be a Hero Coauthor of Praying the Bible y Ecstatic Prophecy

Shawn Bolz tiene uno de los ministerios proféticos más extraordinarios y preciosos que conozco, ¡razón por la que estoy emocionado con este libro!, Shawn tiene la habilidad de quitarle todo lo super místico a la profecía y volverla accesible para todos aquellos que ansíen tener intimidad con Dios. Afortunadamente, este libro lo capta, lo cual emana con gracia, verdad y el amor de Dios en cada una de sus páginas. Los poderosos testimonios y prácticas enseñanzas de este libro te prepararan para escuchar la voz de Dios y liberar el conocimiento profético y motivación para ti y para los demás. Si has tenido experiencia en movimientos proféticos, este libro es una importante corrección para el corazón, empata las enseñanzas bíblicas con el carácter y naturaleza de Dios, ya sea que hayas sido llamado a pastorear detrás de un pulpito o un mercado, este libro es para ti. Lee este libro y entonces pon en práctica lo que aprendas de el.

WILL FORD,
Director, Marketplace Leadership, Christ for the Nations Institute
Autor de Created For Influence: Transforming Culture from Where You Are

Siempre he buscado libros sobre profecía que capturen la cultura del corazón de lo profético a través de una persona que sea la prueba viviente de lo que el Padre tiene en mente para este precioso don. Mi gran amigo Shawn Bolz personifica todo lo anterior, este libro me ha inspirado y enseñado. Realmente creo que Shawn es el prototipo de profeta para una nueva generación emergente de representantes de la profecía que liberarán el tercer gran despertar y una reforma interna. Su paradigma de amor por la humanidad e intimidad con el Padre es verdaderamente lo que esta nueva generación debe transmitir, estoy convencido de que este libro será una clásica herramienta de entrenamiento que se usará para originar una cultura y profetas con el ADN de Jesús. Ayudará a muchos a estar en sintonía con la longitud de onda del cielo.

SEAN SMITH,
Orador, Fundador de Sean Smith Ministries y Pointblank International
Author of Prophetic Evangelism y I Am Your Sign

Interpretando a Dios me recuerda al libro de Bill Hammond: Prophets and Personal Prophecy en cuanto a que fuerte e importante es el contenido. El libro de Hammond fue un precursor de lenguaje, estableció protocolos e inspiró a muchos. Lo que ese libro fue en su tiempo (y sigue siendo hoy en día) es exactamente lo que este libro es para este tiempo y esta generación (y para otras que vendrán)). Lo que Dios le ha confiado a Shawn no es común, ¡pero debe extenderse!, Dios fue muy premeditado cuando conectó 1 Corintios 13 (el capítulo del amor) y 1 Corintios 14 (el capítulo de los dones), porque el gran poder y amor de Dios están dinámicamente conectados entre sí; no puedes tener uno sin el otro. **Interpretando a Dios** es un maravilloso testimonio de esta realidad, no sólo me motivó el leerlo, sino que he visto y experimentado de primera mano tanto el gran amor y el don (poder) en el que fluye Shawn. A cada generación se le ha dado la oportunidad de cambiar el mundo y realmente creo que Shawn y este importante libro harán justamente eso.

RICK PINO,
Músico, Fundador de Heart of David Worship y Missions Center

EN MEMORIA DE

En memoria de Bob Jones, cuya fe inocente en lo sobrenatural me ayudó a creer en mis propias experiencias. Por tu motivación y confianza; y, por las horas y horas que pasaste conmigo, enseñándome que el Dios que hay en mí era tan poderoso como el Dios que había en ti, nunca te olvidaré. Aun no comprendo la mitad de las palabras proféticas que compartiste conmigo, pero con la otra mitad he desarrollado lo que estoy haciendo hoy en día. Sé que ahora que te encuentras en el paraíso, tus conversaciones con Dios han aumentado y todos nos vemos beneficiados por tu estado eterno. Me alegra muchísimo que este proyecto, y muchos otros como éste (de toda tu familia espiritual aquí en la tierra), estén llenando tu fortuna eterna. ¡Nuestros frutos son tus frutos!

EXENCIÓN DE RESPONSABILIDAD

Me encanta todo lo profético, sin embargo, se trata principalmente de un ministerio personal entre Dios y un individuo o grupo. Por lo tanto, cambié la mayoría de los nombres de las personas que aparecen en este libro y a propósito he contado algunas historias en forma vaga, más de lo que hubiera querido. Mientras que me encanta la gloria que conllevan, quiero honrar la privacidad de los presidentes, multimillonarios, celebridades y líderes eclesiásticos sobre quienes son algunas de estas historias, incluso cuando a veces estuvieron de acuerdo en que revelara su identidad.

CONTENIDO

PRÓLOGO
por Bill Johnson

Me encuentro asombrado con el libro de Shawn Bolz, **Interpretando a Dios**: Escuchando a Dios para ti & el Mundo que te Rodea, es uno de los libros más alentadores que he leído, como tal, está lleno de grandes conocimientos bíblicos y repleto de historias de Dios – del tipo que dan esperanza y que acercan al lector a un Padre maravillosamente perfecto. Me siento conmovido profundamente conmovido, a veces incluso hasta las lágrimas.

Shawn ha sido un amigo muy querido durante muchos años, he observado maravillado cómo Dios lo ha utilizado para demostrar su perfecto amor por la gente a través de palabras de conocimiento y profecía. Me parece algo sumamente inspirador la sabiduría con la que Shawn maneja este don, su transparencia durante el proceso profético hace que los demás creamos que Dios puede utilizarnos de la misma manera; uno de los extractos que encontramos en este libro nos ayuda a entender ¿porqué?, *"Esta es la meta de la profecía: conectar a la gente con la fortalecedora naturaleza de Dios para que puedan ser como Él y mostrar su maravillosa naturaleza por toda la tierra"*. La profecía conecta a las personas con la naturaleza de Dios de manera que puedan ser como Él y lo revelen, ¡Brillante!

La profecía es una parte sumamente maravillosa de nuestra vida en Cristo. No puedo imaginar cómo habría sido mi vida durante los últimos cuarenta años sin los profetas; me han enriquecido en todas las formas posibles, tal vez sea por eso que al enemigo de nuestras almas le guste tanto distorsionar sus ministerios. Aquí también, Shawn añade una sabiduría profunda que calmará los corazones de aquellos que sólo han experimentado angustia y decepción a través de este ministerio, el momento para lo auténtico ha llegado.

Me he maravillado al observar cómo Dios prepara a las personas para recibir su amor a través de palabras precisas de conocimiento. El don de Shawn dentro de esta área se ha convertido en una señal y en una maravilla a un nivel completamente nuevo en estos tiempos, ser testigos de cómo ha aumentado la precisión de Shawn, ha sido liberador para varios miembros de nuestro ministerio y los ha llevado a tomar mayores riesgos para ver si Dios los utilizaría de manera similar; y, de hecho, así ha sido, los resultados son bastante extraordinarios, ¿Porqué hay tanta gente creciendo a través de esta expresión vital del corazón de Dios?, le doy el mérito al enfoque práctico de Shawn para escuchar a Dios, junto con su sabiduría para manejar este don, manteniendo el amor como pieza central del ministerio profético.

A pesar de que me encanta la sanación y todas las demás manifestaciones del amor de Dios, nunca he visto nada llegar al corazón de una persona tan rápido como una certera palabra profética. En un estudio reciente, le cuestionaron a miles de personas qué pregunta le harían a Dios si tuvieran la seguridad de que Él les respondería. La pregunta número uno, que se repetía más que la pregunta número dos y tres combinadas, fue: *"¿Cuál es mi propósito en la vida?"*, tal vez esta sea la razón por lo que lo profético es tan poderoso, cuando se realiza bien, la gente se da cuenta que son conocidos y amados por Dios, quien entonces los guía hacia su propósito. Este proceso es una de las cosas más gloriosas que he presenciado, es aquí donde por lo general mis ojos se llenan de lágrimas, Dios es realmente amor y eso se ve a través de su pasión por la gente que abraza su razón de ser. **"Interpretando a Dios"** está lleno de maravillosas historias, pero las historias logran algo más que alentar, aun cuando eso sería más que suficiente para mí, las historias también son tan atrayentes que automáticamente infunden valor para que el lector también pueda crecer en este tipo de expresiones del Espíritu Santo. ¡Eso hace que libros como estos sean invaluables!, en mi corazón, puedo ver a innumerables personas creciendo en su habilidad para manifestar el amor de Dios de una manera que tenga un impacto inmediato en la vida de otros, simplemente al leer este libro.

Léelo, disfrútalo y cambia. El mundo le pide a Dios que se manifieste mediante los dones que fluyen a través de su gente.

BILL JOHNSON
Pastor Titular, Iglesia Bethel, Redding, CA.
Autor de "Cuando el Cielo Invade la Tierra" y "Recibiendo la Presencia", entre otros.

CAPÍTULO 1

UNA SENCILLA META DE AMOR

Me encontraba sentado al lado de un hombre en un avión con destino a Australia, así que decidí iniciar una conversación con él; lo encontré muy interesante, aun cuando él parecía estar un poco distraído. Hablamos sobre la vida, la familia y las profesiones. Él trabajaba para compañías petroleras y éste era el último mes que viajaba alrededor del mundo debido a ellos, se encontraba particularmente fascinado por nuestro trabajo en contra del tráfico de personas y no había escuchado acerca de las investigaciones actuales ni de los esfuerzos comunitarios realizados por grupos como el nuestro, se veía muy conmovido.

Hubo un momento en que se levantó y fue al baño, y ahí fue cuando escuché la voz del Espíritu Santo: *"No te está diciendo toda la verdad. No trabaja para empresas petroleras, es el agente de seguridad del vuelo. Quiero animarlo en cuanto a su retiro, el cual va a llegar pronto"*. También escuché una palabra de conocimiento y supe el nombre de su esposa; el lugar que siempre quiso visitar en Europa durante su retiro; e, información sobre su hija, quien estaba embarazada y tenía complicaciones. Me sentía tan abrumado que cuando regresó, no sabía qué decir.

Él, sin saber lo que estaba atrayendo, comenzó directamente a hablar de Dios. *"Hablas de tu relación con Dios y cómo sentiste el llamado para hacer lo que haces. ¿Cómo sabes que fuiste llamado para eso?".* Me encantó lo que mi palabra generó en él. Le expliqué que Jesús es verdadero y que tiene muchísimo amor para nosotros y cómo se encuentra presente en nuestras vidas, después le pregunté si podía compartir con él algunas cosas que sentía que Dios me estaba mostrando para poder animarlo, estaba muy emocionado y dijo que: SI.

"Él me dijo que eres el agente de seguridad del vuelo y que tu esposa se llama Patricia, también me dijo que él quiere lo mismo que tú quieres pero más de lo que alguna vez te hubieras imaginado – como, visitar los viñedos en el sur de Italia cuando te retires, también me habló sobre tu hija, Anna, que está embarazada y está atravesando algunas complicaciones y cómo has orado y le has pedido que la ayude. Le dijiste que harías cualquier cosa si tan sólo la ayudara. Él desea ayudarla más que tú, ella y su bebé estarán bien".

Las lágrimas se asomaban en sus ojos todo el tiempo, y cuando hablé de su hija, comenzaron a rodar por su rostro. Sostenía fuertemente ambos extremos del asiento. *"¡No soy el agente del vuelo!"* dijo.

Me reí, porque él acababa de recibir una comunicación directa de Dios que había tenido un impacto profundo en él y mientras tanto intentaba proteger y cubrir su trabajo. *"Bueno, ¿hay algo más que sea verdad de lo que sentí de parte de Dios?"*

"¡Sí, todo!" respondió, *"pero no soy el agente del vuelo".* Estaba protegiéndose otra vez.

Yo simplemente reí porque sabía que sí lo era, pero pensé que tal vez era algo que se suponía que debía decir. Oramos juntos e intercambiamos información y cuando los demás pasajeros bajaron del avión, él se quedó atrás. No pude despedirme, porque entró a la cabina. Cuando me encontré en el área de reclamo de equipaje sentí una mano en mi hombro, di la vuelta y ahí estaba mi nuevo amigo.

"¡No puedo creer que Dios te haya mostrado que yo era agente de seguridad del vuelo!, ¡Tuve que salir y verificar tus antecedentes antes de regresar a hablar contigo!, ¡Fue sorprendente que Dios te mostrara todo eso! ¡Yo quiero escuchar así a Dios!, me siento como si en mi vida todo estuviera bien otra vez".

¡Vaya revelación!, comprendí que nunca se había sentido más amado y conectado con Dios que en ese momento y sabía que ninguno de los dos volveríamos a ser los mismos.

La profecía es una de las más maravillosas herramientas de amor que tenemos. Imagina la forma en que la tecnología ha creado una plataforma de conexión en una generación, podemos comunicarnos de manera virtual con cualquier lugar del mundo a través de dispositivos inteligentes, servicios de internet, transmisiones digitales, realidad virtual, entre otros. La tecnología ha creado una conexión para que una persona pueda llamar a sus amigos a donde sea, incluso hacer nuevos amigos. Puedes formar parte de una comunidad en línea a la que nunca hubieras tenido acceso sin ella, la profecía está destinada a ser así; es la tecnología o dispositivo inteligente hacia nuestro amor espiritual, es la herramienta que acelera relaciones y crea conexiones con la gente, ciudades, países, industrias y con el mundo. A través de ella podemos realmente vislumbrar el corazón de Dios y tratar a los demás exactamente como Dios quiso que fueran tratados desde el principio, al igual que con la tecnología, la revelación no se encuentra sólo destinada a inspirar regalos proféticos, sino a ayudarnos a vivir con una conexión de lo que Dios siente y piensa.

Se supone que debe ser nuestra forma de vida – ver a las personas como Dios siempre deseó que fueran vistas y a partir de esa revelación, tratarlos con Su cultura de amor para que ellos quieran ser la versión de ellos mismos que nosotros vemos. Tener una relación profunda con Dios que incluya una amistad auténtica te llevará definitivamente a compartir ese tipo de relación y amistad con otros.

Muchas personas que desarrollan dones proféticos tienen una relación tan cercana con Dios como la tienen con sus amigos del anuario, pero continúan insistiendo en tratar de utilizar la profecía en otros, entonces se sienten descorazonados por la falta de profundidad relacional que se genera durante esta experiencia. Esto se debe a que el ministerio de la profecía se trata de que tú seas para otros un portal hacia los pensamientos, emociones y corazón de Dios a través de tu conexión con Él. El mundo está lleno de más de siete billones de pedazos del corazón de Dios y conforme más lo conoces, más comienzas a absorber su amor por la humanidad. Tu relación con Él es la fuente principal y meta de la revelación, a través de este libro, me voy a enfocar en por qué debemos resaltar el amor en vez de la información como meta del ministerio profético.

Daré una idea de porqué Dios habla, cómo habla y cómo llevar en desarrollo un historial de revelación. También desafiaré otras filosofías en cuanto a cómo moverse dentro de lo profético y la forma en que se podría violar este principio de amor. Finalmente, aquí encontrarás piezas de mi propio viaje para que puedas aprender de mis fortalezas y fracasos, quiero que tomes grandes riesgos, pero para hacer eso necesitarás ejemplos de cómo sobreviví a grandes errores.

No hay nada como ser un intérprete que trae buenas noticiasnoticias que no sólo son para "sentirse bien" sino que transforman. Me encanta ver a las personas conectarse con Dios, familia, amigos, sus propósitos de vida e incluso tan sólo con la naturaleza como consecuencia de una palabra profética adecuada, son como las piezas de un rompecabezas que se unen a través del amor hacia ellos.

Por el lado negativo, sin embargo, he pasado tiempo con diferentes tipos de ministerios proféticos sobre los que podría contarte miles de historias que te harían reír, llorar y preguntarte qué era lo que las personas querían lograr al momento de profetizar. Definitivamente veremos algunas de ellas, pero la profecía toma una mala reputación debido al tipo de personalidades que se involucran, si Dios realmente fuera responsable por cada palabra que las personas afirman que son de Él, entonces el Dios de las compañías de seguros verdaderamente existiría (con sus "acciones de Dios")… me estoy desviando.

Adentrémonos en este emocionante tema y con suerte, incluso para los expertos, brindaré un nuevo giro a este tema en desarrollo, dentro de la iglesia.

MI NIÑERA

Antes que Tammy, nuestra niñera, empezara a trabajar con nosotros, era una de las líderes de la escuela ministerial en nuestra iglesia en Los Ángeles. No la conocía muy bien, pero ella y su esposo tienen una gran química para la amistad, así que siempre sentí una conexión, una tarde dando clases frente a su grupo comenté: *"Tengo una lista de nombres para ti, Tammy. Es absurdo… sólo un montón de nombres. Dime si les encuentras sentido"*. Nombré a todos sus hijos, sus respectivos cónyuges y sus nietos, al final incluso dije: *"Uno más"*, y descubrí que su hija estaba embarazada en ese momento, entonces le dije: *"has renunciado a tu familia para venir aquí porque Dios te pidió que lo hicieras. Él cuidará de ellos y los bendecirá mientras tú bendices a Su familia. Él los ama más que tú"*. Tammy fue impactada por un golpe sólido de seguridad, ella y su esposo se habían mudado de Minnesota a Los Ángeles en base a un viaje de fe y ella se apoyaba en esa fe para que todo saliera bien aquí; más tarde me dijo que su principal preocupación en la vida era no estar con sus hijos y sus nietos, y que había sido muy difícil por algún tiempo. No podía creer que Dios supiera de sus nombres, a través de mí y le ayudó aún más a su corazón saber que Él los amaba de una manera que ni siquiera ella podía. (Poco tiempo después de esto se convirtió en nuestra niñera y ha sido una experiencia maravillosa tenerla con nosotros).

Me he sentido fascinado por Dios al decir a través de mí y para mí: *"yo lo amo más de lo que tú lo amas"*. ¿Y sabes algo? la profecía lo demuestra.

UNA META SENCILLA

La meta de la revelación es sencilla: ver lo que Dios ve, escuchar lo que Dios escucha y decir lo que Dios dice para que todos podamos amar de la forma en que Dios ama. La revelación nos es dada para que podamos llevar un pedazo del corazón de Dios desde la eternidad hacia el mundo.

"Profetizamos cada vez que damos a conocer la pasión de su corazón". MIKE BICKLE

EL AMOR DE JESUS ERA CONTRACULTURAL EN SU ÉPOCA

Jesús era muy poco convencional, Él escogió a pescadores, recaudadores de impuestos y prostitutas; los utilizó para darle una nueva forma al mundo, De alguna manera Él los veía a través de unos ojos diferentes, los miraba completamente diferentes a cómo los veía el mundo que los rodeaba. El aprecio con el que los trataba no era común y creía en ellos. Dios incluso le dijo a Samuel: *"Tú ves la apariencia exterior. Yo no hago juicios como ese"* (ver 1 Samuel 16:7), lo que significaba que él utilizaba una escala diferente para juzgar en quién valía la pena invertir su tiempo. Pero, ¿de dónde salió esta valoración o visión?, Jesús no era entrenador de fútbol quien viera el potencial de las personas y estuviera tratando de mejorarlos con sus habilidades de entrenador, Él los veía a través de un desarrollado lente de amor, desde el punto de vista del Padre, los veía como si hubieran sido restaurados a su diseño original, a la intención original de Dios, como si ellos ya hubieran aceptado totalmente su invitación de caminar con Él, aunque todavía no fueran capaces. No los trataba como esperaría que fueran algún día, Jesús trataba a las personas con un valor que no merecían, un honor poco concedido al hombre. Una vez que realmente empieces a entender los Evangelios, entenderás cuánto confiaba Jesús en su amistad con el cielo y la revelación de su Padre de amor para con cada persona.

Existe una metáfora en el Antiguo Testamento, sobre como los ojos y los oídos del mundo se cierran a la verdad; y, este era obviamente el estado de las personas en tiempos de Jesús, sin embargo, Él trataba a las personas como si pudieran ver y escuchar el significado escondido o total de lo que Él hacía, era algo tan contradictorio a la forma en que los israelitas y otros eran tratados que se sentían intrigados, otros que observaban a Jesús pasar tiempo con personas que no parecían ser especiales también se encontraban fascinados. A todo el mundo le encanta sentirse "parte de" un secreto o sencillamente del saber, Jesús los hacía sentir como si ellos conocieran los secretos del cielo y cuando le miraban, de alguna manera así era.

Cuando Jesús actuaba por compasión, no era simplemente un sentimiento que tenía, sino una comprensión y convicción de lo que esas personas significaban para el Padre, Su valor dentro del reino eterno no se basaba en su sanación inmediata; Jesús podía ver lo que pasaría si volvían a tener una conexión con Dios, si volvían a caminar en la plenitud de los propósitos para los que fueron creados. También los veía como si ya fueran eternos y los llevaba a ese lugar únicamente amándolos. Finalmente, dio su vida para reconectarlos con el Padre porque creía en el valor de esa conexión.

Si aplicáramos esta versión de introspección reveladora a nuestro moderno ministerio profético, cambiaría drásticamente la manera en que nos tratamos los unos a los otros, gran parte del ministerio profético hoy en día ha perdido su mayor enfoque y se ha reducido al simple desarrollo de dones. El verdadero propósito de la profecía es enlazarte con tu llamado eterno para estar en Jesús, en la mejor versión de ti mismo para la cual fuiste diseñado, las profecías para individuos, ciudades, ministerios o industrias supuestamente tienen el propósito de ayudarte a entrever esa parte de ti que realmente eres. Se supone que debe permitirte sentir lo que es ser eterno y espiritual al mismo tiempo que te sientes normal y humano, también debe ayudarte a fijar tu esperanza en tu propósito eterno: conocer a Dios de la manera en que Él siempre ha soñado que su creación lo conozca.

¿Alguna vez lo has sentido?, es como lo que sienten los niños cuando juegan a ser superhéroes, es lo que nuestros sentimientos experimentan cuando vemos una película en la que los personajes superan sus debilidades y se convierten en campeones, es ese sentimiento de que Dios no sólo es asombroso, sino que desea que nosotros lo seamos también, es el empoderamiento en toda su plenitud; es acerca de la vida y de vivir la vida en verdadera plenitud (ver Juan 10:10).

Estaba visitando a mis amigos en el refugio para familias sin hogar que solían dirigir en Atlanta-Georgia y la directora, Rose y yo estábamos conversando, me estaba contando acerca de un hombre que había dejado a su esposa e hijos para ir a conseguir drogas a la calle y lo enojada que estaba ella con él porque ella realmente creía en su recuperación. No estaba enojada al grado de sentir ira, estaba enojada por creer en él. Observé cómo Rose, quien es una mujer normal y quien en cualquier otro trabajo le tendría miedo a los adictos callejeros de crack de alguna forma se llenó de un envalentonado enojo.

Nos dirigimos al área familiar del refugio y caminó hasta donde estaba el hombre, quien acababa de llegar tarde de un viaje de drogas, puso su dedo en su rostro y le dijo: *"¿Qué estás haciendo?, ¡Todos creemos en ti!, ¡No tienes derecho de dejar a tu familia!,"* y simplemente le contó su verdadera historia otra vez, la historia de amor de su familia y de su Dios. El hombre se seguía disculpando con Rose, podía ver a Dios en su compasión y en su imagen de él; para él, ella no era tan sólo una persona altruista preocupada, sino alguien que veía su verdadero valor, le devolvió la convicción para poder ver lo que era bueno, no lo que era temporal. El hombre sintió en su amor por él, la posibilidad de una vida diferente, una vida mejor y son esos momentos los que nos permiten tomar nuestras mejores decisiones, cuando somos amados de esa manera, nos sentimos como una versión de nosotros mismos que trasciende las limitaciones de cualquier camino que hayamos elegido o de cualquier cosa que aún no se nos haya dado.

Es difícil ver a la profecía como un don de amor cuando muchos profetas reconocidos (de diferentes denominaciones y movimientos) pasan su tiempo señalando aquello en lo que hemos fallado, lo que nos ha separado o lo que nos hace indignos, entonces proporcionan una corrección o palabras directivas que realmente no nos ayudan a salir del lugar en donde estamos, o peor aún, emiten un juicio sobre nosotros porque su teología se encuentra tan atada al comportamiento o a lo que está bien y a lo que está mal; que esto puede generalmente violar el amor. A través de este libro, vamos a definir la diferencia entre el discernimiento común de la información espiritual, la cual se encuentra fácilmente disponible a todo el mundo vs. la comunicación actual y el construir una relación con Dios; su plan eterno es que podamos ver lo que Él ve, lo cual nos permitirá amar como Él lo hace.

CAPÍTULO 2

LA REVELACIÓN DEL APOCALIPSIS

Soy una persona creativa a quien le encanta contar historias, ya sea durante el tiempo que trabajé como director de la historia de un videojuego, como escritor de novelas inéditas, como productor de cine o como conferencista motivacional para millones de personas, siempre atravieso el proceso de desarrollar una historia, me encanta el poder de una historia, cuando entiendes la historia de un individuo o de un grupo de personas, puedes relacionarte plenamente con ellos. Para realmente entender cómo funciona la profecía, la historia de Juan el amado Apóstol, es la manera más clara de comprender el papel que tiene la profecía dentro del Nuevo Testamento, Juan sabía que él era el favorito de Jesús, no porque fuera a quien más favorecía, sino por la calidad de amor que compartía con Jesús, se consideraba a sí mismo el mejor amigo de Jesús, a quien Jesús amaba; y a pesar de la maravillosa amistad que desarrollaron, eso no preparó a Juan para la magnitud de lo que deseaba ver hasta que tuvo su encuentro, podemos verlo a través de sus ojos, porque nos mostró lo que vio en el libro de Apocalipsis.

Primero que nada, como alguien que cree en el don de la profecía, necesitas leer el libro de Apocalipsis en su contexto (no como un libro de escatología). Necesitas ver la dinámica de la amistad entre Juan y Jesús, **necesitas entender a Juan primero para compren-**

der plenamente lo que le fue revelado por Dios. **Antes de preocuparte por la pre-tribulación, post-tribulación, preterismo o incluso milenialismo, necesitas observar la dinámica que hubo entre el hombre que recibió la revelación y su Dios.** Juan, quién se decía ser el mejor amigo de Jesús, fue llevado al cielo para ver algo, fue llevado al cielo para ver la revelación clave de todas las demás revelaciones de la historia y esa revelación no sólo trataba de que Jesús iba a regresar, o de que era un Dios glorioso, o que tenía un lugar preparado para nosotros, **la revelación era sobre *nosotros*.**

JUAN, EL PRIMERO QUE VIO A JESÚS EN TODA SU GLORIA–UNA RESPUESTA A LA ORACIÓN DE JESÚS (VER JUAN 17)

Juan se sentía muy cercano a Jesús y tuvo una de las relaciones más profundas con Dios que cualquier otra persona en la historia, su revelación contrarrestó a la de los judíos porque él representaba un filtro de amor; veía al amor como el objetivo primordial, Juan anhelaba estar donde Jesús estaba. Apocalipsis 1:

Juan, vuestro hermano, y copartícipe vuestro en la tribulación, en el reino y en la paciencia de Jesucristo, estaba en la isla llamada Patmos, por causa de la palabra de Dios y el testimonio de Jesucristo. Yo estaba en el Espíritu en el día del Señor, y oí detrás de mí una gran voz como de trompeta, que decía: Escribe en un libro lo que ves, y envíalo a las siete iglesias: a Efeso, Esmirma, Pérgamo, Tiatira, Sardis, Filadelfia y Laodicea. Y me volví para ver la voz que hablaba conmigo.

Y vuelto, vi siete candeleros de oro, y en medio de los siete candeleros, al Hijo del Hombre, vestido de una ropa que llegaba hasta los pies, y ceñido por el pecho con un cinto de oro. Su cabeza y sus cabellos eran blancos como blanca lana, como nieve; sus ojos como llama de fuego; y sus pies semejantes al bronce fundido; y su voz como estruendo de muchas aguas. Tenía en su diestra siete estrellas; de su boca salía una espada aguda de dos filos; y su rostro era como el sol cuando resplandece en su fuerza.

Cuando le vi, caí como muerto a sus pies. Y Él puso su diestra sobre mí, diciéndome:

"No temas; yo soy el primero y el último; y el que vivo, y estuve muerto; mas he aquí que vivo por los siglos de los siglos. ¿Ves estas llaves en mis manos? Estas llaves abren y cierran las puertas de la muerte y del Hades. (Apocalipsis 1: 9-17).

En Apocalipsis 1, lo primero que Jesús le reveló a Juan fue la plenitud de su naturaleza divina, el Padre llevó a Juan al cielo para que pudiera ver a Jesús en su forma verdadera, Juan únicamente había visto al Jesús humano y al Hijo del Hombre resucitado, pero nunca lo había visto plenamente glorificado, nunca había visto a su amigo Jesús como realmente era. ¿Cómo sería eso, saber que podemos ver a Dios como realmente es?, desecha esa vieja teología supersticiosa de no poder *"ver la cara de Jesús y estar vivos"* y la tira por la ventana, ¿cierto?, Juan, tan sólo un hombre y aun así pudo ver, vio a Jesús por quien realmente era; esta fue la primera respuesta a la oración de Jesús al Padre: *"Padre, quiero que ellos estén donde yo estoy..."* (Ver Juan 17:24).

Juan se sintió tan sobrecogido, que sintió como si hubiera muerto, esta es una parte en la que tú y yo tenemos que reflexionar juntos; piensa en esa reacción. ¿Qué sucedió en el interior del hombre que se sentía tan cercano a Jesús cuando lo vio de esta manera?, ¿Qué hizo que colapsara a tal grado que Jesús tuvo que extender su mano para que Juan pudiera ponerse de pie?

Después de que Juan lo vio de esta forma, Jesús habló sobre la iglesia que le había encomendado a los discípulos construir, no una iglesia específica, sino iglesias en las ciudades – organismo vivo de la naturaleza de Dios que rodea las relaciones, no sólo las estructuras.

Jesús le habló a Juan, tal como siempre lo había hecho, con proverbios y parábolas que no eran únicamente para la iglesia de sus tiempos, sino que permanecerían hasta su regreso. Él quería que todos los creyentes las leyeran y las interpretaran *en su propio tiempo*. Apocalipsis 2-3 es una lectura obligatoria para cualquier persona que se encuentre desarrollando el don de la profecía. Léelo y vuélvelo a leer y léelo otra vez, porque dice tanto en un espacio corto, analiza la manera en que Jesús se relacionaba con Juan, lee sobre la revelación que Jesús quería dar a la iglesia para sostenerla y hablar a través de los corazones de las personas. ¡Es maravilloso!

Para la mayoría de las personas que escuchan a Dios, el tener una experiencia como la de Juan habría sido el encuentro más colosal de su vida,Jesús le habló a Juan sobre la iglesia, se reveló a sí mismo, le pidió a Juan que escribiera el libro de Apocalipsis y había muchas cosas en las que glorificarse por toda la eternidad. Fin. Pero entones algo inesperado y maravilloso ocurrió… Había más, ¡y lo que fue revelado cambiaría todo!

APOCALIPSIS 4–SUBE MÁS ALTO

Sí, tanto las conferencias como las iglesias modernas y carismáticas han creado varios clichés a partir de las Sagradas Escrituras, y este es uno de ellos. Pero reajusta tu paleta de pintor por un minuto y escucha esta nueva perspectiva, olvida la familiaridad que tienes con las Escrituras que has leído tantas veces y empecemos de nuevo.

Juan escuchó una voz proveniente de algún lugar del cielo que lo llevaba más alto y lo adentraba en la revelación, lo llamaba más allá de lo que él antes hubiera podido ver o comprender. A partir de Apocalipsis 4:19 en adelante, Juan emprendió un viaje increíble en el que vio todas las cosas que tenían que ocurrir antes de que Jesús regresara, vio guerras, demonios, dragones, prostitutas, enfermedades, plagas, justicia, mártires... ¡tantos simbolismos!, pero entonces, a mitad de tan intensas revelaciones, fue llevado al punto clave del libro del Apocalipsis: debía escribir todas y cada una de las revelaciones para que las futuras generaciones pudieran entender el corazón de Dios, eso les daría la perseverancia y la perspectiva para superar cualquier cosa que se atravesara en su camino. Sería la REVELACIÓN de Apocalipsis.

Fue al encuentro celestial (ver Apocalipsis 19) a un espacio en donde las multitudes adoraban y cantaban canciones a toda voz y comprendió el por qué tan pronto como escuchó lo que cantaban.

"Y salió del trono una voz que decía: Alabad a nuestro Dios todos sus siervos, y los que le teméis, así pequeños como grandes. Y oí como la voz de una gran multitud, como el estruendo de muchas aguas, y como la voz de grandes truenos, que decía: ¡¡Aleluya!!

¡El Señor nuestro Dios Todopoderoso reina! Celebremos, regocijémonos ¡y démosle gloria!

Han llegado las bodas del Cordero, y su esposa se ha preparado.

Y a ella se le ha concedido que se vista de lino fino, limpio y resplandeciente; porque el lino fino es las acciones justas de los santos. (Apocalipsis 19:5-8).

Juan siempre supo que era el mejor amigo de Jesús, pero de repente se encontraba viendo el deseo mismo del corazón del Padre para su Hijo, lo mismo que alimentaba el deseo de Jesús de ir a la cruz: **la esposa de Cristo.**

Lo más sorprendente que vio fue que ella estaba totalmente lista, no sólo estaba viendo un símbolo de personas en la tierra en ese tiempo que estaban listos para ver a Jesús, sino la culminación de todos aquellos que amaban y que amarian a Jesús en cada generación; e, incluso más sorprendente: Juan la veía en absoluta perfección, *completamente* lista para el día de la boda, *totalmente* preparada y vestida para casarse con Jesús.

Recuerdo haber asistido a la boda de mi mejor amigo Jona, fui su padrino, mientras esperábamos uno al lado del otro, que su novia saliera atravesando las cortinas, observé a Jona, creo que nunca antes había observado tal anticipación en un hombre, pero quizás se debía a que nunca me había sentido tan conectado a alguien que estuviera experimentando eso.

La canción comenzó y observamos con esperanza, emoción, amor y alivio conforme ella se acercaba pasando por la esquina, Jona se quedó sin aliento, de verdad, literalmente se quedó sin aliento, Yo estaba a punto de reírme, pero me detuve cuando vi en su cara, una expresión que decía:

"Dios, me estás dando todo lo que alguna vez he deseado. Ella es tan hermosa, tan digna de amor, tan perfecta. ¡Gracias!", conforme las lágrimas rodaban por su rostro.

Podía sentir su alegría y alabanza, y "supe" que era similar a lo que Juan había visto en Apocalipsis 19, me sentí como Juan en la boda de mi amigo, él vio la más perfecta forma de la esposa que el Padre había preparado para su Hijo. No en balde mandó Dios a su único Hijo al mundo para pagar tan alto precio, sabía lo que Jesús iba a obtener a cambio, ¿y sabes qué? ¡Somos una esposa hermosa!, valemos totalmente la pena.

Te veo en Apocalipsis 19, ¡eres increíble!, así es como Juan vio a la iglesia a partir de entonces, no la vio como si fuera a ser gloriosa algún día, sino como una iglesia prometida ya establecida.

VER A LAS PERSONAS AL FINAL DE LA CARRERA CON EL TROFEO EN LA MANO

Hay que entender que Juan estaba lidiando con constantes políticas religiosas y de estado, se encontraba peleando contra un culto que diluía la verdad, al igual que peleando por la revelación de quién era Jesús para que su generación lo entendiera.

Una dosis de realidad: Juan no había visto aún a un pueblo que estuviera totalmente preparado en la tierra, probablemente veía lo que les faltaba o lo que no había en la tierra, peleaba para que la gente recibiera el mensaje básico del evangelio de amor y del poder de la resurrección de Jesús. Cuando uno lee sus primeros libros (Juan 1, 2, y 3) te da una idea de lo que enfrentaba, pero cuando obtuvo la revelación del Apocalipsis, cuando vio el objeto mismo del deseo de Dios completamente preparado para Jesús, quedó totalmente sobrecogido, ahora podía ver la eternidad, a la esposa no sólo lista para servir, sino para colaborar como cocreadora, para ser su complice, su hija/hijo, su amigo/amiga.

Me gustaría parafrasear Apocalipsis 19:9-10, así es como me imagino que sucedió:

PARAFRASEO DEL APOCALIPSIS 19:9-10 PARA TU COMPRENSIÓN

Entonces el ángel miró a Juan, quien había sido elegido como el padrino de una boda y le dijo: *"Escribe a todas las generaciones: ¡Benditos aquellos que son invitados al banquete de bodas para ver a estos gloriosos esposos casarse!, estas son verdaderas palabras y testimonio de Dios. ¡Lo que ves ahora es la culminación de la historia de Dios!, ¡Es el final feliz que ocurrirá y todos lo verán!"*

Entonces Juan cayó a los pies del ángel, completamente sobrecogido por la belleza de lo que el Padre había preparado para

Jesús: **la esposa de Cristo.** Sólo que no lograba escribir acerca de ella; era demasiado magnífica y hermosa. El deseo del Padre manifestado en todos los creyentes a través de todos los tiempos diciendo "ACEPTO" a Jesús, fue simplemente demasiado para Juan, era completamente extraordinario.

"Hazlo tú", le dijo al ángel que le había pedido que lo escribiera. *"Haz visto lo mismo y eres un ángel, ¡y eres más divino que yo!, Yo sólo soy un hombre."*

Pero el ángel le dijo a Juan: *"No trates de darme esta responsabilidad y de tratarme como si yo fuera más divino o más valioso que tú, tan sólo soy un siervo como tú y el resto, que entiende que la humanidad fue creada para ser el complemento de Jesús. Esto es justo lo que el Padre ha iniciado desde el principio. Este es el testimonio que celebramos. Concentra tu adoración y sentimientos de santidad o dignidad en Dios, porque lo que aquí ves con su esposa es la historia de Dios revelada ante ti, esto es a lo que se refiere el espíritu de la profecía, a la esposa lista para el esposo; este es el espíritu de la revelación".*

Esta es probablemente una nueva forma para ustedes de ver estas Escrituras, pero es crucial que entendamos que cuando el Apocalipsis 19:10 es mencionado, éste tiene un objeto; y el objeto no es sólo el don de la profecía, es una esposa que se ha preparado.

Esta es la meta de la profecía: conectar a las personas con la poderosa naturaleza de Dios, de manera que puedan ser como Él y mostrar su maravillosa naturaleza por toda la tierra. Me encanta cómo en Apocalipsis 19:8 la esposa vestía lino fino, lo que representa que ya se había vestido a sí misma en la naturaleza de Cristo y se comportaba de acuerdo a sus estándares, valores, elecciones de vida y actitud en la tierra.

Cuando Juan regresó de esta experiencia, estoy seguro que cambió la manera en que veía a todo y a todos, probablemente ya no podía ver ningún valor en la debilidad de los individuos o en las políticas de la iglesia, ahora podía ver a todos con una plena invitación a convertiste en la ESPOSA.

AL FINAL DE LA CARRERA CON EL TROFEO EN LA MANO

"No se necesita de ninguna unción para saber qué es lo que está mal en la vida de las personas. ¡Diles algo que no sepan!, Ve el oro y diles eso." PHIL ELSTON

Pablo habló varias veces sobre deportes y participar en carreras, es un gran panorama del viaje cristiano, también es esencial tener esto dentro de tu perspectiva cuando pienses en profecía, porque te ayudará a fijar la meta más alto. Pablo hablaba sobre cómo todos los creyentes necesitaban correr como si fueran a obtener el premio, porque un corredor no participa en una carrera para ganar la plata o el bronce, corre por el oro.

Cuando Juan regresó del cielo, vio la iglesia con nuevos ojos, es como si pudiera ver a todos aquellos que participaban en la carrera ya en la meta final con el trofeo de primer lugar o con la medalla de oro. Físicamente, probablemente se parecían mucho a los discípulos, prostitutas, a la baja sociedad y a los ricos de su época; pero en su espíritu, Juan tenía los nuevos ojos de la revelación, podía ver a las personas como si estuvieran totalmente listas para decir sí en el día de su boda; y así comenzó a tratar a todos.

¡Qué tal la paternidad y el coaching viniendo desde el lugar ideal!, ¿Qué pasaría si la gente te hubiera tratado, desde que eras un niño pequeño, como si tú fueras a ser la persona más importante en la historia y en la eternidad?, ¿Qué pasaría si hoy en día decidiéramos tratarnos los unos a los otros de acuerdo a nuestra identidad eterna?, una de las últimas grandes jugadas de Dios será el despertar de toda la tierra, caminaremos hacia un lugar práctico de la revelación que permitirá a la gente decir sí a Dios y aceptar su naturaleza para que ellos ahora puedan ser maravillosos, no sólo en la eternidad.

LA REVELACIÓN TE PERMITE VER A TODAS LAS PERSONAS A TU ALREDEDOR COMO GANADORES, COMO DIGNOS

"¡La gloria de Dios vendrá y se encontrará en su glorioso amor!" BOB JONES

Tu meta al dar revelaciones a otros deberá ser el motivarlos en cuanto a que no sólo son buenos corredores en una carrera, sino que son dignos de obtener el premio del primer lugar. La revelación te permite ver a todas las personas que te rodean como ganadores, como a la esposa, también te permite ver cómo ayudar a la gente y a grupos a superar obstáculos que les impiden fortalecerse.

Gran parte de lo que ha sido la profecía en las últimas décadas no se encuentra alineado con la verdad del amor, se ha derivado de muchas teologías y movimiento con intereses propios o incluso simplemente de teología rígida que no está enfocada en la perspectiva general del amor. Tú puedes evitar estas trampas, no sólo tratando de ver a cada persona a quien le des una revelación como a alguien amable, sino pidiéndole a Dios ver a través de sus ojos para ver a cada una en la eternidad, Dios siempre ve el final antes que el principio, ¡y también quiere que tú lo hagas!

"Te veo en el futuro, y te ves mucho mejor de lo que te ves ahora." KIM CLEMENT

Esto es parte del objeto principal de cada historia de la Biblia, expresar el amor entrañable de Dios; es la historia de por qué profetizamos, en otras palabras la profecía es una herramienta para poder ver la imagen completa de aquellos a quienes Dios ama.

CAPÍTULO 3

PORQUÉ DESEO ANSIOSAMENTE LO PROFÉTICO.

Apenas tenía edad suficiente para entender que la mujer que se encontraba sentada frente a mis padres sentía dolor; y, mis padres me dijeron que le dolía su espalda, estaban realizando un ministerio personal mientras se encontraban en un retiro en las montañas de California, yo sólo tenía seis años y me encontraba sentado en el regazo de mi madre. Oraron por ella durante un rato para que su dolor de espalda sanara, lo cual era una situación bastante común para mí a esa edad porque mis padres buscaban ansiosamente que el amor de Dios actuara a través de la sanación y los dones sobrenaturales.

Lo que no era común, era que mi madre sintiera que estaba inquieto, en vez de enojarse conmigo, me preguntó: *"¿Te está mostrando algo Dios, cariño?"*, ¡A mí! ¡Un niño pequeño!

De hecho, sentí como si hubiera escuchado algo. *"¿Te duele la espalda debido a un accidente automovilístico?"* pregunté.

"¡Sí!", estaba sorprendida de que yo participara con esta información.

"Dios quiere que tu espalda esté como era antes del accidente", dije, entonces me bajé del regazo de mi mamá y puse mis dos manos sobre ella y oré, mis padres se unieron a la oración, juntos, observamos a esta mujer recuperarse completamente.

Mamá y papá siempre fueron buenos para incluirnos en sus ratos de ministerio, pero después de eso simplemente se volvió costumbre preguntarme si Dios me estaba mostrando algo, me hacía querer preguntarle a Dios sobre su corazón y lo que deseaba para la gente. Tenía consciencia de este reino sobrenatural de Dios que podía hacer que la gente se sintiera completa de nuevo, que podía alentar a las personas de manera profunda y que podía ayudarlos a conectarse con quienes realmente eran, todo a la edad de seis años. Esto fue lo que formó mi perspectiva de las relaciones, de lo que es posible en mi vida y sobre quién es Dios como Padre.

Me encanta lo que la voz de Dios provoca en nuestro interior, es tan formativa, tan conectiva, tan relacional, existe la versión original de nosotros que Dios Padre deseaba y su voz nos ayuda a reestablecer el sentimiento de nuestro verdadero yo o de nuestro yo original.

¿NACISTE COMO UNA VASIJA SOBERANA? NINGUNA ESTRELLA APARECIÓ EN EL CIELO SOBRE MÍ, Y PROBABLEMENTE TAMPOCO SOBRE TI, ¡PERO TÚ ERES SUFICIENTE!

Siempre supe que era especial, pero sentía que los demás lo eran también. Mis padres nos enseñaron que todos somos iguales y nos enseñaron la compasión por los pobres y el apoyo a mujeres que se encontraran en importantes papeles de liderazgo, valoraban a otras razas y diferentes grupos de personas sin prejuicios; no eran perfectos, ni siquiera en estas áreas, porque no habían crecido con una imagen madura de lo que eso significaría dentro de la sociedad o de la iglesia, pero crecí bastante bien equilibrado sin perspectiva alguna de segregaciones.

Cuando me encontré cerca de personas que eran percibidas como mejores que los demás debido a sus talentos, dones, autoridad, títulos, posición, etc., simplemente no me pude relacionar con eso y lo percibí como elitismo, a mí en realidad me gustaría luchar para que los menos favorecidos se fortalezcan, conforme me acerqué a la comunidad profética, la mayoría contaban con historias que los acreditaban para estar dentro del ministerio, mientras que yo sólo tenía una vida normal con padres que me criaron para creer que Dios les hablaba a todos los cristianos, me sentía raro porque ellos tenían fantásticas visitas sobrenaturales y yo tan sólo era normal; cuanto deseaba tener sus historias... antes de que me enamorara de las mías, nunca imaginaría que esta falta de nombramiento soberano dentro de un alocado ministerio me ayudaría a fortalecer a todos los otros cristianos "normales" a lo largo del camino.

Estamos acostumbrados a escuchar esas espectaculares historias que nos cuentan una y otra vez, historias del pueblo de Dios (llamado a dirigir esta generación) que pasaron por conversiones radicales desde las más alocadas y pecaminosas vidas o con circunstancias especiales que rodeaban su nacimiento; estas historias han provocado que muchos de los que las escuchan se sientan diferentes, no tan especiales y no ungidos al nacer. Permíteme asegurarte, que ver nacer a alguien de esta manera, debería recordarnos a todos el amor especial que Dios siente por cada uno de nosotros, todos fuimos hechos de manera totalmente única y maravillosa, con potencial para ser una de las mejores expresiones de Dios aquí en la tierra, no necesitamos tener una marca de nacimiento colocada proféticamente en nuestra tercera costilla como un letrero para decirnos lo que la Biblia ya nos ha dicho: estamos hechos de una manera intrínceca, hermosa y maravillosa.

ANHELANDO SIGNIFICADO

Recuerdo haber hecho las grandes preguntas cuando era adolescente: ¿Quién soy?, ¿Qué soy?, ¿A dónde debo ir para desarrollarme?, ¿Hay justicia para todo el sufrimiento que veo en este mundo?, ¿Puedo ser importante para Dios?, comencé realmente a orar y a tratar de averiguar porque Dios me había elegido para venir a la tierra en estos tiempos, aunque mi familia siempre ha sido maravillosa, yo no encontraba las herramientas para definir algunas de estas preguntas. Hubo un tiempo en el que leía la Biblia todas las noches y a veces la terminaba una vez al mes, leí el Nuevo Testamento en las noches por partes una y otra vez, trataba de averiguar si las respuestas para mi inquisitivo corazón se encontraban ahí.

Una noche, después de un largo y difícil tiempo de trabajar duro sin ver muchos frutos, tuve un encuentro con Dios, no voy a describir todo lo que sucedió alrededor de este encuentro, pero tenía quince años y me encontraba en casa de mis papás, escuché a Dios decir: *"Ve al seminario familiar mañana"*. Mis padres nos habían hablado a mí y a mi hermana acerca del seminario familiar que se llevaría a cabo en una iglesia de Sacramento y aunque no pudieron ir, nos preguntaron si nosotros queríamos asistir, les habíamos dicho que no, ¿Por qué habríamos de ir mi hermana mayor y yo a una iglesia extraña sin ellos y a un seminario del que realmente no sabíamos nada?, pero me desperté de ese dramático encuentro sabiendo que debía ir, le pregunté a mi hermana y ella también estuvo dispuesta a ir.

Durante este seminario, uno de los pastores desvió todo el tema de la trayectoria que se esperaba que siguiera, porque le fue dicho que debíamos orar por la juventud que se encontraba presente ese día. La iglesia apenas había logrado que algunos jóvenes se acercaran a ésta porque no se habían enfocado en ellos, así que el hecho de que hubiera veinte de nosotros ese día, era un milagro por sí mismo.

Mi hermana y yo nos levantamos cuando el pastor dijo que orarían por nosotros, no sabíamos qué esperar, pero un hombre vino y se paró frente a mí, su naturaleza era muy alegre; todo él brillaba y yo no podía esperar a que orara por mí, aun cuando nunca antes había recibido ese tipo de ministerio de parte de un extraño.

Él sonrío y dijo: *"Dios me ha dicho que has estado haciendo grandes preguntas y buscando respuestas. Eso es lo que a Él más le gusta, que alguien haga preguntas tan importantes, porque desea profundamente darte las respuestas a través de una mayor relación con Él, está sembrando dentro de ti una avidez por los verdaderos significados y en tu tiempo, ayudarás a mucha gente a conocerlo realmente. Vas a comenzar a escuchar su voz. El Espíritu de Dios vendrá junto con la Palabra de Dios que tú has estado leyendo tan perseverantemente, ¡y obtendrás las respuestas!"*, profetizó muchas otras cosas, pero esas son para otro momento.

Sólo recuerdo haberme sentido muy aliviado, era como si ese hombre hubiera echado un vistazo a mi proceso interno, me sentí tan amado y tan comprendido, necesitaba saber que a Dios le importaba más que a mí y que nuestra relación no era unilateral, Dios no sólo me dio la instrucción de asistir al seminario, le dio a ese hombre la palabra que cambió mis expectativas de vida, eso me cambió para siempre y fue algo tan sencillo.

Imagina en tu vida a un adolescente que está tratando de encontrar su identidad y entonces, imagina a Dios hablándole a través de un extraño, luego imagínate a Dios salvándolo con su bondad y su amor genuino; eso es lo que la profecía puede hacer.

LA PROFECÍA APARECERÁ EN TODOS LOS MOMENTOS CLAVES DE TU VIDA, SI ESTÁS ABIERTO A ELLA

Me encanta que seamos las únicas personas en la tierra esperando que Dios nos guíe, leemos la Palabra para aplicarla a la vida, escuchamos al Espíritu de Dios para conocer realmente sus deseos y voluntad, dentro de esta expectativa, si realmente lo escuchamos, nos transformará a nosotros y posteriormente al mundo que nos rodea. También me encanta que la profecía nos permite ir más allá del conocimiento de lo que hay en el corazón de Dios para nosotros y para otros, no sólo escuchamos lo que nos quiere dar, lo que quiere que hagamos, a quién quiere que amemos; Él nos lleva a entender cómo estar conectados totalmente a Él. Cuando tenemos experiencias reveladoras, tenemos la capacidad de encontrarnos con nuestro Dios eterno de amor y colaborar con Él aquí en la tierra.

Pasé una temporada de casi diez años enfocado únicamente a la profecía como mi ministerio principal y durante ese tiempo fue fácil amar porque no hay mejor catalizador para cambiar la vida de las personas que la revelación. Cuando pasas un momento con Dios, las cosas más importantes salen al mismo tiempo, te ayuda a relacionarte contigo mismo y con el mundo que te rodea.

LA PROFECÍA ES UNA HERRAMIENTA RELACIONAL

Cuando era niño, mi padre era parte de la Fuerza Aérea, debido a esto nos mudamos varias veces;y, como niños nos daba miedo tener que hacer nuevos amigos y vivir en lugares desconocidos, antes de cada mudanza, mi mamá oraba con nosotros y le pedíamos a Dios que nos mostrara cosas sobre nuestros nuevos amigos, pedíamos escuchar su voz y ver en su corazón la comunidad a la que nos íbamos a mudar, recuerdo una vez que mi madre nos hizo escribir todo lo que escuchábamos; había visto algunas imágenes, así que dibujé visiones y encuentros, lo cual utilizó Dios para prepararme para estas nuevas amistades.

Seguí con esta tradición hasta mis años de adulto, y el primer lugar al que me mudé fue a la ciudad de Kansas/Missouri, me preocupaba mudarme allá porque todos allí habían crecido juntos y no quería sentirme aislado en una comunidad que ya compartía una historia de vida, empecé a preguntarle a Dios sobre las personas, Él preparó mi corazón y me enseñó cosas sobre algunos de mis futuros amigos, me quitó la ansiedad por la mudanza y sentía gran deseo de conocer a las personas por las que ya me encontraba orando, aun cuando sólo tenía vagas pistas sobre quienes eran.

También practicábamos ver a nuestros amigos al final de la carrera con el trofeo en las manos, esto se ha convertido en una habilidad esencial para la amistad, porque cuando te encuentras en momentos en los que existen malentendidos o incluso tensión en las relaciones, aun entonces puedes decidir ver a la persona como realmente es. Cuando la tratas con ese valor, te ves presionado por alcanzar una solución completa y llegar a un nuevo y saludable lugar, ¿Cuántas personas dejan de ver a sus cónyuges o a sus mejores amigos como realmente son en medio de un conflicto, dando lugar a una ruptura?

Me encanta cómo el escuchar a Dios te da oportunidades que nunca habrías tenido sin su voz.

EL ACTOR FAMOSO

Un día estaba en un almuerzo con un actor/músico, él sabía que yo era pastor, pero no sabía nada acerca del ministerio de profecía; fue un almuerzo muy agradable pero también muy superficial. Finalmente un amigo mutuo comentó:

"Deberíamos de orar todos juntos antes de irnos. ¿Por qué no empiezas tú, Shawn?"

Inmediatamente escuché a Dios decir: *"Dile que vaya a casa y tire el periódico que tiene en el segundo cajón de su escritorio; en donde está un reportaje incorrecto acerca de dos temas distintos. Yo tengo un gran reportaje para él y es para que pueda vivir la vida abundante de Juan 10:10"*.

Yo no sabía cómo tomaría él este tipo de instrucción o de palabra, pero tuve que ir más allá de una linda y normal oración para decírselo: *"Siento que Dios me está mostrando que hay algunos periódicos en tu escritorio, en el segundo cajón y me dice que están dando un reportaje falso acerca de dos temas distintos. Necesitas tirarlos y preguntarle a Dios cuál es su reportaje"*.

Se puso pálido, *"¿Sabes lo que me estás diciendo?"*, preguntó.

"No, yo sólo escuché a Dios decir eso. Él tiene un gran reportaje para ti, pero no lo puedes escuchar debido al reportaje que sigues leyendo".

Puso su cabeza entre sus manos y se veía muy cansado, paso de ser el gran actor con sus brillantes actuaciones (y estaba dando una durante todo el almuerzo) al hombre con el corazón roto que no podía encontrar solución a algunos de sus problemas secretos.

"Los periódicos tratan sobre dos temas y los he visto cada semana, a veces varias veces, durante años. El primero es acerca de la muerte de mi padre. Los periódicos dijeron que había sido un suicidio y siempre he sentido que algo está mal cuando leo ese reportaje. Sucedió cuando yo apenas tenía ocho años y mi mamá siempre nos dijo que él no se había suicidado, pero que se había visto envuelto en un negocio ilegal, no recuerdo haber visto a mi padre triste, pero yo he batallado con depresión y siempre me he preguntado si yo mismo podría quitarme la vida". Concluyó verbalmente: *"¿No se suicidó?"*

"Evidentemente no", respondí.

El gran peso de una posible enfermedad mental hereditaria cayó de sus hombros.

Su madre le había dicho que su padre no había atravesado por depresión o suicidio, pero el leer los periódicos una y otra vez lo habían llevado a la tristeza y a la depresión con persistentes ideas suicidas. El peso del mundo se le quitó de encima, por alguna razón, esa era la conclusión que él necesitaba.

La segunda serie de artículos, explicó, eran reseñas sobre sus primeras dos películas, los críticos lo habían señalado por lo terrible que había estado y no importaba cuánto trabajara, no podía sacar esas palabras de su cabeza, de hecho, las ensayaba cada vez que volvía a leer los artículos.

"Dios te ha llamado a la actuación; esos hombres están equivocados. Tal vez tu actuación fue inmadura, pero tú eres un actor y has sido creado para encontrar satisfacción en la actuación también," le dije.

Se mostró aliviado, pero no de una forma humana, parecía como si estuviera rejuveneciendo, el dolor y la autocompasión estaban desapareciendo. Para cuando terminamos de orar, era un hombre nuevo. Después de años y años tenía una carrera sólida y le estaba yendo bien, pero únicamente Dios podría traer esa resolución espiritual a los lugares para los que no podía conseguir ayuda humana.

¡Me encanta cómo la profecía nos puede sanar en un instante!

En mi propia vida y en las vidas de aquellos a quienes he tenido el privilegio de acompañar, he tenido el más maravilloso viaje de relación con Dios. Él nos habla y nos da pistas y comprensión para cada tema, la Biblia demuestra que Él no permanece en silencio y desea que lo conozcan y lo entiendan, me encanta la forma que la profecía crea puentes para atravesar la brecha entre Su corazón y el nuestro y nos ayuda a ir de una mente pequeña a ver todo un panorama, también nos ayuda a vivir más plenamente de lo que lo habríamos hecho, si sólo dependiera de nosotros y de nuestros puntos de vista; conforme caminas con Dios y te habla, Él siempre menciona a quién ama y qué ama, lo cual te da una capacidad amplificada para experimentar más.

Muchas veces, cuando no me sentía capacitado, o me sentía como si no tuviera la capacidad relacional o emocional y mucho menos las habilidades para hablar con personas diferentes (me sentía muy fuera de mi zona de confort), la personalidad de Dios y Su pasión me dominaban de una manera que lo hacía fácil. No estoy limitado a mis recursos; estoy limitado a los Suyos, incluso cuando salgo de mi espacio de confort. La profecía crea un entorno fuera de los lugares a los que nuestras propias pasiones nos pueden llevar, mi vida es 100% resultado de Dios hablándome y dirigiéndome, Él me ha inspirado a seguir las pasiones de mi corazón y a personas a las que definitivamente nunca hubiera seguido sin que Su voz y Su naturaleza se manifestaran tan claramente para mí, escuchar a Dios es algo que cambia totalmente las reglas del juego y crea vida.

"Estoy convencido que el próximo acto de Dios traerá un matrimonio entre la Palabra y el Espíritu." REVERENDO PAUL CAIN

En otras palabras, cuando tengamos la Biblia y una caminata espiritual de la relación con Dios, el mundo entero quedará bajo la transformación del corazón de Dios y con un corazón que es tan bueno, ¿quién no querría saber de Él?

CAPÍTULO 4

LA PROFECÍA ES PRIMERAMENTE UNA CULTURA DEL CORAZÓN

"Los hombres han mistificado y filosofado sobre el Evangelio, pero es de lo mas sencillo que puede haber. El secreto del Cristianismo está en SER, está en SER poseedor de la naturaleza de Jesucristo." JOHN G. LAKE

"Empéñense en seguir el amor y ambicionen los dones espirituales, sobre todo el de profecía." (1 Corintios 14:1 NVI), en este capítulo, Pablo anima a los corintios a seguir el camino del amor o a buscar el amor como meta principal, pero también a desear ardientemente los dones espirituales y enfatiza el don de la profecía. La razón se debe a que la profecía puede ser una de las validaciones más claras del gran amor del Padre, por el que Jesús pago tan alto precio, cuando las personas escuchan el pensamiento y emociones que tiene Dios hacia ellos, creen en Su amor por ellos.

Un día iba manejando hacia mi antigua cafetería favorita, en donde se reúnen todos los ricos, famosos, aspirantes y quienes alguna vez fueron alguien en Hollywood (estaba a la vuelta de la esquina de nuestra casa) y había una mujer vestida con harapos, su vieja peluca estaba chueca y se podían ver las raíces oscuras de su cabello asomándose por un lado, su rímel corría más que el río Mississippi, sus manos estaban negras y azules; y, parecía que se estaba congelando, aun cuando el sol de la mañana de Los Ángeles estaba brillando, por lo que no hacía tanto frío. Todo el mundo pasaba a su lado y ella lloraba susurrando:

"Por favor, tengo hambre... por favor, ayúdeme... cualquier cosa... sólo necesito comida." Decía esto de una manera tan convincente, pero debido a que había estado en las calles durante mucho tiempo, en la mente de los transeúntes allí era donde ella pertenecía, todos pasaban apurados a su lado, estaba acostumbrada a mendigar, así que la gente ya la ignoraba. Ella se había acostumbrado a caminar por las calles, así que también lo estaba a ser invisible para la mayoría de la gente a menos que quisieran utilizarla para algo.

Debido a que yo había hecho trabajo pastoral en las calles, sabía que llevaba mucho tiempo ejerciendo la prostitución y sabía que debía haber tenido una de las peores noches de su vida como para estar ahí a las ocho de la mañana luciendo un tanto apaleada. Pasé por su lado, pero para este momento se había desplomado en el suelo en posición fetal y lloraba, entré a la cafetería y ordené dos cafés, dos sándwiches para desayunar y algunas otras cosas, y salí con las manos llenas de comida para ella; aun así, nadie le prestaba atención, porque era una de las personas perdidas y olvidadas, la sociedad dice: *"Es culpa suya. Aléjate de ese tipo de personas. Realmente no los puedes ayudar."* Y entiendo de dónde surge eso, porque no estamos capacitados para ayudar a la gente sin un título en trabajo social o en derecho, así que la gente se siente impotente, es más fácil ignorarlos.

Le dije: *"Oye, me llamo Shawn. ¿Cómo te llamas?"* y le di las bolsas y el café.

Ella me miró y se levantó, *"¿Para mí?"*, empezó a tomar las bolsas y me abrazó. Ese fue un verdadero abrazo.

Yo podía verla... El mundo que nos rodeaba sólo podía ver a esta prostituta temerosa, vieja, enferma y adicta a las drogas, pero de alguna manera yo podía verla, podía creer en ella en ese momento y podía ver cuánto valía. No supe que profetizar y le pregunté al Padre ¿qué le digo?, es tan valiosa... y justo en ese momento escuché cuatro palabras que debía decir.

Justo cuando me estaba dando ese amigable abrazo, le dije: "Tú no eres invisible."

Se derrumbó en mis brazos, de alguna forma, esas palabras definían exactamente cómo se sentía.

Después de llorar durante un rato y de haberla abrazado fuertemente, me vio a los ojos y me dijo: *"Gracias, nadie ha sido tan bondadoso conmigo durante aproximadamente un año".*

"¿Hay algo más que pueda hacer?", le pregunté.

"Has hecho más de lo que puedes imaginar". Me abrazó nuevamente y me fui.

Desde ese día la he visto en las calles en Hollywood y en Silver Lake; y, hemos tenido dos largas conversaciones, iniciadas por ella, sobre Jesús y Su amor. Está cada vez más cerca de conocerlo porque ahora lo ve en su vida todo el tiempo, ve su bondad y sabe cada día, más y más, que Él es real, sin embargo, esto no empezó hasta que alguien le dirigió más de una palabra y le mostró su valor eterno.

LA PROFECÍA, ANTES QUE UN DON ESPIRITUAL, ES UNA CULTURA DEL CORAZÓN

"Morí en 1973. Mi corazón se detuvo. Fui llevado ante Jesús y me preguntó una sola cosa: ¿Aprendiste a amar, Bob?" BOB JONES

Tenemos que seguir al amor, el cual es una cultura de nuestros corazones, más de lo que deberíamos anhelar tener dones espirituales como la profecía. *"Incluso antes de que una profecía salga de tu boca, debe haber un cambio en tu corazón. Empieza con una verdadera comprensión"* (parafraseó de Juan 3:16-17). Dios amaba tanto al mundo que envío a Jesús para reconectarse con la humanidad y con su creación, Jesús no vino a condenar el mundo por lo que estaba haciendo mal, Él vino para regresar al mundo a su estado correcto, a su conexión con Dios y Su plan original, cuando empiezas a observar a tu alrededor y ves a todos como parte de este plan redentor, comienzas a enamorarte. Cuando Jesús amó al mundo a través de su forma física, no vino con un pensamiento fragmentado en cuanto a por qué venía, no vino secretamente a juzgar al mundo; estaba visiblemente enamorado de él.

> *"Dios sabía lo que hacía desde el principio. Decidió desde el inicio moldear las vidas de aquellos que lo aman de la misma forma que moldeó la vida de su Hijo. El Hijo es el primero en línea de la humanidad que restauró. En Él vemos nuestra forma original como está destinada a ser. Después de que Dios decidió cómo debían ser sus hijos, continuó llamando a las personas por su nombre. Después de que las llamó por su nombre, los puso en una base sólida con Él mismo. Y después, después de haberlos establecido, se quedó con ellos hasta el fin, completando gloriosamente lo que había empezado"* (Romanos 8:28-29, The Message)

Llegué temprano a una conferencia y entré a la sesión del otro conferencista, sentía una euforia espiritual porque uno de mis amigos, nuevos creyentes, me acababa de contar su historia ese día, él era gerente de entretenimiento y había sido adicto a las drogas hasta un año antes, cuando radicalmente entregó su vida a Jesús, durante ese tiempo, sus clientes cambiaron y uno de ellos es una de las más famosas estrellas de pop en el mundo, finalmente fue a uno de sus conciertos para reconectarse con su viejo mundo y a decir "hola" después de todo un año y posteriormente lo invitaron a la fiesta tras bastidores, había muchísimas drogas, pero la estrella de pop lo invitó a sentarse en un área más privada.

"¿Qué pasa?" le preguntó ella, *"Estas en medio de una fiesta,"* implicando que él no estaba consumiendo drogas, *"¿Qué está sucediendo?"* y lo desafío con una sonrisa.

Ella tampoco estaba consumiendo, y él lo notó.

"Esto va a sonar algo trillado, pero encontré a Jesús, he estado sobrio por un año y nunca me había sentido tan feliz".

Ella sonrió, *"Sabía que había ocurrido algo importante. ¡Tienes que contarme todo sobre tu travesía!"*

Le sorprendió muchísimo que ella quisiera escuchar su testimonio y saber más acerca de todos los cambios por los que había atravesado desde que se había convertido al cristianismo, él le contó lo fácil que era proteger su amor por Dios, por él mismo y por su familia ahora que era cristiano y que las drogas estaban fuera de su vida para siempre.

"¡Esta es la historia más real sobre una búsqueda espiritual que he escuchado!" comentó, *"No estoy lista para convertirme en cristiana, ¿pero orarías conmigo para que yo tenga un encuentro con Dios de una forma tan real como la tuya?"*

Oraron y lloraron juntos. Fue una hermosa semilla plantada.

Así que regresando a la conferencia con el famoso orador (a quien yo no conocía personalmente), entré a su sesión para conocerlo, ¿y sabes algo?, era maravilloso... excepto por una cosa, dijo: *"Hay una cantante de pop muy famosa, ustedes saben cuál es su nombre (y lo mencionó). Ella es la responsable por la falta de moral que hay en la generación de jóvenes y Dios la va a juzgar".* Inmediatamente me desconecté de su servicio y en mi corazón gritaba: ¡NOOOOOO!, quería levantarme y decir: *"Ella simplemente no conoce el amor de Dios; no hables de ella, porque se está acercando y si escuchara lo que estás diciendo, pensaría que Dios la odia, ¡tal como lo haces tú!"*

NUNCA TENDRÁS AUTORIDAD SOBRE LO QUE NO AMAS

Y justo en ese momento escuché la tristeza en el corazón del Padre conforme decía: *"Nunca tendrás ninguna autoridad sobre lo que no amas. Este pastor no sabe que deseo darle a él y a otros, la autoridad para acercarse a estos personajes públicos con amor, pero tienen un enorme problema cuando separan el amor de ellos. Para él, ella es una persona intocable, no se da cuenta de que ella podría escuchar esto en algún punto durante su búsqueda hacia mí. No se da cuenta que al tan sólo mencionar su nombre, sus oídos podrían reaccionar, pero él se encuentra tan distante a ella como para que realmente le preocupe. A ti, quiero que sepas que, deseo enviarte a ti (y a la gente que amas) a ellos, porque quiero llegar a ellos. Te daré la autoridad para conectarte con ellos si permites que mi amor tenga autoridad en tu corazón."*

Me sentía tan contento por lo que me estaba invitando a hacer, pero tan triste de que el orador representara a tantos cristianos que no creen que ellos o sus amigos y familiares tengan autoridad suficiente para hablar con presidentes, estrellas de pop, autoridades locales o cualquier otra prominencia. Si creemos que Dios también los ama a ellos, ¿por qué no habría de enviarnos?, Dios no habría tenido la autoridad para heredarnos si no nos amara. Él no odia a ningún ser viviente y la primera etapa para adentrarse en la profecía es comenzar por abrazar la cultura de su amoroso corazón y vivir de esa forma, este amor es la pista de aterrizaje para ver Sus pensamientos e intenciones hacia la humanidad. Si tú estás en contra de la gente y en contra de países e industrias, ¿en dónde se supone que debe aterrizar la máxima revelación de Su corazón?

Si yo hablara en contra de famosas estrellas de pop, de estrellas de cine o de presidentes, ¿Cómo podría Dios enviarme a ellos con Su voz cuando no hay honor, amor, compasión, ni bondad?, todas estas cosas están presentes en la cultura de un corazón amoroso que ya es profético, incluso antes de haber utilizado las herramientas de la profecía. No puedes ser una voz profética si te encuentras en conflicto con el mundo que Dios ama. Piénsalo: si te escucharan hablar en su contra, nunca querrían volver a saber de ti. En un mundo en el que puedes buscar en Twitter o en Google, tu nombre y todo lo que la gente dice de ti, ¿no crees que necesitamos cuidar nuestras bocas y nuestros corazones?, si estás en contra de ellos, ya habrás construido un muro en contra del proceso del amor simplemente al expresar una mala opinión de ellos.

"El verdadero ministerio profético busca oro en medio de la suciedad de la vida de las personas." KRIS VALLOTTON

LA LLAMADA TELEFÓNICA

Un día estaba revisando con un asistente el proceso de una celebridad (de la industria del entretenimiento) quien recientemente había venido a Cristo pero todavía se veía muy confuso y desorganizado. Me preguntó si yo creía que la celebridad se había salvado y yo estaba a punto de ser negativo cuando en vez de eso dije: *"¿Sabes qué?,tiene tantas opciones de donde elegir que si está hablando de Cristo públicamente, me gustaría darle el beneficio de la duda y creer que Dios hará un trabajo completo en su vida. Quiero tener el corazón tan abierto que si él llamara ahorita, eso sería relevante para mi fe y mi amor por él."*

¿Y sabes qué?, justo en ese momento entró una llamada de un número no identificado, ¡contesté y era él!, era como si Dios hubiera estado probando mi determinación para amar y confiándome a su amigo en ese instante. Cuando escuché su historia de primera mano, era hermosa y llena de redención, había salido de muchas cosas, más que la mayoría de la gente que yo conocía y aun así era más que un sobreviviente, había reconstruido su vida y ahora estaba listo para entregársela a Dios.

No hay poder de Dios que se encuentre separado del amor, si quieres tener influencia, debes unirte a esta naturaleza de amor, esto es más que un sentimiento o una emoción, es una actitud de aceptación hacia toda la gente y todas las cosas que son de Dios, incluso si no lo puedes controlar, manéjalo, o incluso nútrelo. Estas llamado al amor.

ASUMIENDO LA NATURALEZA DIVINA DE CRISTO

No puedes mostrar este valor a alguien más únicamente a través de palabras o de compasión humana, tiene que salir de tu carácter, tus emociones, tus pensamientos y tu espíritu – de tu naturaleza fortalecida por la naturaleza misma de Dios, 2 Pedro 1:3-4 dice que podemos participar de la naturaleza divina de Cristo. La esencia de la profecía es la naturaleza misma de Jesús siendo transmitida a un ser humano, esta es una de las declaraciones más fuertes de las Escrituras: nosotros participamos de la naturaleza misma y real de Jesús, la naturaleza es la suma de la personalidad, emociones, carácter, espíritu y talentos que conforman a un individuo, nuestra naturaleza es lo que nos define a cada uno, las Escrituras aquí y en muchas otras partes, dicen que estamos en relación con Dios, que participamos de su naturaleza.

No podemos limitarnos a nosotros mismos ni a nuestra comprensión de Dios, participar de su naturaleza significa que no estamos limitados a nuestras fuerzas o debilidades, a nuestra personalidad, a nuestros dones, a nuestros talentos o a nuestras emociones, tenemos un Dios vivo que también tiene todas estas fortalezas con las que interactuamos. La naturaleza de lo sobrenatural no depende de la naturaleza, habilidades, dones, o llamado de un hombre sino del amor sobrenatural de Dios que es transferido a nosotros, los recipientes de Su honor, cuando colaboras con su naturaleza, tomarás decisiones que no parecerán como tuyas, irás a lugares y hablarás con personas y harás cosas que no se limitan a tu pensamiento racional o a tus experiencias de vida, también harás cosas a partir de su bondad y tendrás un instinto por aquellas cosas que hacen del mundo un mejor lugar.

DEBEMOS TENER LAS MEJORES INTENCIONES PARA LOS DEMÁS.

Me he dado cuenta que muchos de nosotros podemos hablar de manera negativa sobre nuestro presidente, sobre nuestros ídolos del pop, sobre otras religiones, etc., porque no tenemos autoridad, cuando tienes autoridad, te das cuenta que aquellas personas de las que hablas te escucharán y se sentirán lastimadas o se alejarán de ti en base a lo que digas; parte de la cultura del corazón que debemos tener es la certeza de que todos somos valiosos; necesitamos tener un corazón con el cual amar primero, porque Dios bien podría utilizarnos para que ganemos a uno de los enemigos del cristianismo para su causa.

Quiero ser como Barrabas, cuando Pablo fue salvo, peleó por él en medio de una cultura cristiana que lo había descartado por sus ofensas pasadas. La profecía ve a la gente con todo su valor y cuando existe tanta pasión por ellos en el corazón de Dios, a nuestros corazones les cuesta trabajo enfocarse en lo negativo que puede haber en ellos, crecemos en autoridad para llegar a las personas que tienen autoridad al ver el valor que Dios les da a ellos y viéndolos como personas dignas.

"Aquel que de la mayor esperanza tendrá la mayor influencia." KRIS VALLOTTON

LA VIDA EN EL ESPÍRITU–REVISIÓN DE FRUTOS

Gálatas 5 describe el fruto de una vida en el Espíritu y es una medida extremadamente precisa para saber cómo estás manejando tu corazón mientras llevas la naturaleza de Dios. Si necesitas una lista de reglas sobre cómo dirigir tu don de profecía, sigue leyendo.

¿Pero qué pasa cuando vivimos de la forma que Dios quiere?, Él trae a nuestras vidas dones, de la misma manera que el fruto aparece en una orquídea – cosas como el afecto por los otros, el entusiasmo por la vida y la serenidad. Desarrollamos una voluntad por mantener las cosas, un sentido de compasión en el corazón y una convicción de que una santidad básica impregna las cosas y a las personas. Nos encontramos involucrados en fieles compromisos, sin tener que forzar nuestro camino por la vida, capaces de dirigir y organizar nuestra energía sabiamente.

El legalismo es inútil para alcanzar esto; solamente se interpone en el camino, entre aquellos que pertenecen a Cristo, en todo lo que se conecta para lograr lo que deseamos e irracionalmente responde a lo que todos llaman necesidades y es asesinado totalmente – crucificado, dado que este es el tipo de vida que hemos elegido, la vida del Espíritu, asegurémonos de no sólo guardarla como una idea en nuestras mentes o un sentimiento en nuestros corazones, sino de llevar a cabo sus implicaciones en cada detalle de nuestras vidas, eso significa no compararnos con los otros como si uno de nosotros fuera mejor y otro fuera peor, tenemos cosas mucho más interesantes que hacer con nuestras vidas. Cada uno de nosotros es único"(Gálatas 5:22-26, The Message).

LA CONVICCIÓN DE QUE UNA SANTIDAD BÁSICA IMPREGNA A LAS COSAS Y A LAS PERSONAS

Conforme nos enfocamos a una vida de amor a través de Cristo, debe existir una cultura básica en nuestros corazones que crea confiadamente que sus planes son lo mejor para la humanidad, esto no significa que le demos un giro positivo a todo, pero sí que debemos tener una calidad de corazón que crea que Dios está en todos lados y que desea atraer todo hacia Su corazón, cuando seguimos una cultura de amor para vivir la vida en el Espíritu, obtenemos el fruto de la vida en Dios que está claramente descrito en Gálatas, esta parece ser la parte más necesaria para aquellos que persiguen la profecía como un estilo de vida o como un ministerio.

¡Fijemos el estándar de amor y de estilo de vida realmente alto en esta generación!

EL DICTADOR DE UN PAÍS SUDAMERICANO

Uno de mis viajes a Sudamérica fue muy revelador para mí, conocí a un hombre que trabajaba como pasante en el gobierno del país en el que me encontraba, se me acercó y me dijo: *"Mi pariente es presidente, y quiero que lo conozcas y compartas con él lo que Dios te muestre sobre nuestro país"*. Era un país distinto al que me encontraba, pero compartíamos la frontera con éste y podíamos llegar rápido en helicóptero. Yo no llevaba nada para el presidente, ni estaba lo suficientemente familiarizado con su país como para saber algo, así que le pregunté al pastor anfitrión sobre él y su país, y me contaron lo terrible que era, me enseñaron en internet artículo tras artículo sobre este tirano y caudillo. . .

No quería reunirme con él, iba a ver a su familiar más tarde esa misma noche y le explicaría por qué no era una buena idea; tomé una siesta esa tarde y tuve un sueño, en el sueño, vi a este niño pequeño de aproximadamente doce años de edad creciendo en el sistema social de orfelinatos… nunca había tenido una buena crianza y lo habían llevado de un hogar a otro, observé su vida y vi su corazón, y sentí más y más compasión por él conforme se iba desarrollando el sueño, deseaba tanto acercarme a él y decirle que todo iba a estar bien; en el sueño, él terminó dirigiendo el orfanato en el que estaba y me sentí muy triste, conforme me despertaba del sueño, escuché a Dios decir: *"¿Podrías ser un padre para él durante un minuto?"*

Sabía que era un sueño acerca de este presidente, tenía un nuevo sentido de compasión humana y amor en mi corazón por él y quería conocerlo. Dirigía a toda una nación de huérfanos con la mentalidad de uno, esta no era una reunión para dar apoyo a su presidencia o hacer un llamado a su nación; esta era una misión de rescate para su corazón. Comencé a orar y escuché dos cosas importantes, pero no supe que significaban.

Terminé volando para ir a verlo más tarde ese día, tenía una escolta armada que me recordaba a una película de acción de los '80s, pero sabía que no estaban ahí para protegerme, estaban ahí por él. Cuando me llevaron a verlo, fue una escena bastante poderosa, este hombre exigía respeto y tenía tal aire de dureza que casi quise darme la vuelta para irme ahí mismo.

"Hola," dije mientras extendía mi mano para saludarlo. Me veía de manera sospechosa y miró a su pariente casi con desdén.

"Sí, usted está aquí para orar," dijo en perfecto inglés. Yo no sabía si iba a necesitar a un traductor o no.

"¿Por qué va a rezar, hombre de Dios?", dijo.

No lo preguntó de manera burlona, pero sabía que sólo lo estaba haciendo como un favor a su pariente.

"De hecho quiero que sepa, como cristiano, que Dios lo ama y ha puesto amor en mi corazón por usted y realmente quiero orar desde ese lugar de amor. El me dijo dos cosas". Por alguna razón pude sentir su corazón suavizarse, pero al mismo tiempo, no había ningún tipo de credulidad de él hacia mí.

"¿Qué fue lo que le dijo?", parecía entretenido.

"El me dijo que no lo ayudaría con esto (frase reservada)". Era como un código de cinco palabras. Dos hombres que estaban parados atrás de él contuvieron la respiración cuando mencioné esto y el les pidió a todos que salieran de la habitación, excepto a dos hombres, a mí y a un soldado altamente armado, incluso su pariente salió, debí haberme sentido nervioso, pero no lo estaba.

"¿Cómo sabe usted sobre esto?", preguntó.

"No sé nada más que lo que Dios me ha dicho," respondí. *"También me dijo que ya lo había perdonado por lo que pasó con su hija y el caballo cuando ella tenía ocho años, en su fiesta de cumpleaños y que no tenía que pedirle que lo perdonara más".* No voy a escribir lo que él hizo, pero fue una imagen clara de su naturaleza de orfandad.

Se le llenaron los ojos de lágrimas. Se sentó, así que me senté. Se inclinó durante un minuto, *"No sé si puedo creer que Dios pueda perdonarme. Pido perdón a Dios por los pecados que he cometido en contra de mi familia todos los días".*

"Yo tampoco lo creía, pero cuando oré por usted, Él me mostró cuánto lo ama aún y cómo quiere que lo conozca como a un padre. Él no es como era su padre, y usted no es igual a su hijo". Comenzó a llorar. Los dos hombres que permanecían en la habitación eran probablemente generales o sus consejeros, se veían apenados y preocupados por él.

"No haré lo primero que usted mencionó si Dios no está conmigo. Era un esfuerzo bélico. Hay demasiados aspectos políticos que mencionar, pero ese era nuestro nombre códificado para la operación. En cuanto a que Dios me ama como un padre, ore por mí, porque no conozco esta clase de amor".

No sabía que yo lo tomaría de manera literal. Cerré mis ojos y oré por él, cuando terminé, estrechó mis manos y luego me abrazó, todos se veían sorprendidos. Entonces se despidió de mí pero trato de darme dinero, me rehusé y le dije que Dios no me había mandado ahí para obtener algo a cambio de lo que él debía recibir para su propio beneficio.

Su pariente y yo platicamos y él llenó los espacios en blanco de la historia. Nunca volví a hablar públicamente sobre esto, incluso con tanto detalle, y aun cuando él ya falleció, sólo sé que Dios me dio un corazón de amor para este dictador que fue continuamente corrupto y quien no tenía ningún valor redentor fuera de la cruz, pensé que este podría ser un buen ejemplo para ti, lector, para saber que Dios usará la profecía para llegar a cualquier persona y que pueda recibir su amor, incluso si sólo fuera por un minuto; este dictador sintió el amor de Dios y la esperanza en medio de una carrera y de una vida terrible. Dios también quiere amar a través de ti.

PAUL CAIN Y SADAM HUSSEIN

Paul Cain ha sido un amigo cercano y un mentor para mí, es un profeta muy bien conocido por los ministerios de sanación y evangelización de los años 50 y también por el movimiento profético Vineyard de los años 1980 a 1990, sus historias siempre han sido una inspiración para mí, en un momento durante la crisis en Medio Oriente, Dios le dio una palabra tan específica para Saddam Hussein que le invitaron a verlo. Creemos que fue el único estadounidense sin ningún lazo gubernamental que visitó a Saddam en esa temporada.

Cuando se reunieron, Paul hizo varias profecías fuertes y se llenó con un respeto espiritual hacia él (lo que significa que no sentía ningún respeto natural hacia este dictador o hacia la forma en que gobernaba, pero sentía un amor redentor hacia él en su corazón). Saddam no fue salvo cuando Paul lo fue a ver durante dos viajes diferentes; estaba completamente fortalecido por su régimen maligno y demasiado arrogante, pero pienso en él cuando se encontraba como Nabucodonosor – en la fosa al final de su vida – y me pregunto si buscó a Dios y repitió las palabras de Paul en su corazón o en su cabeza conforme se acercaba su muerte. Dios ama tanto al mundo, incluso a un dictador malévolo, que envió a Paul Cain.

¿PUEDE DIOS ENVIARTE A TÍ?

¿A quién ama Dios que le gustaría mandarte a ver?, ¿Estarías dispuesto a ir?, ¿Lo obedecerás a Él antes que a los que te rodean de manera que pueda confiarte lo más difícil primero y lo mejor después?

CAPÍTULO 5

LA NATURALEZA DE LA REVELACIÓN DEL NUEVO TESTAMENTO

Nos estamos convirtiendo en algo que está más allá de lo que podríamos ser si estuviéramos limitados a nuestros propios dones, talentos y naturaleza, cuando Jesús vive dentro de nosotros a través del Espíritu, participamos en sus pensamientos, su bondad y su diseño, viendo mayores frutos en nuestras vidas.

El espíritu de la revelación al que la Biblia y las personas se refieren es al Espíritu Santo que trae la revelación de todo lo que Dios desea hacer y de **Quién es Dios**, para que todo lo que tiene que suceder se cumpla y así preparar a su esposa.

EL CORAZÓN Y LA MENTE DE DIOS SE MUESTRAN A TRAVÉS DE LA PROFECÍA Y NOS DAL EL VALOR PARA "CONVERTIRNOS"

"Sin profecía el pueblo se desenfrena, más bienaventurado el que sigue los mandamientos" (Proverbios 29:18), en otras palabras, la revelación nos da el orden correcto del propósito, la sensación de estar totalmente sincronizados, ya sea en los deportes, en las artes

o en un trabajo (incluso tan sólo tener un orden relacional saludable) es muy similar a lo que la revelación ayuda a promover
en nuestras vidas, nos mantiene sintiéndonos extremadamente
conectado con nosotros mismos y con el mundo que nos rodea,
nos mantiene dispuestos a sacrificarnos para tener una vida moral-
mente alta, porque hemos visto a Dios de una manera relacional
que nos hace querer proteger nuestra relación con Él a toda costa.

Otra manera de explicarlo es que el espíritu de revelación es
básicamente el Espíritu de Dios que nos mantiene conectados a
sus pensamientos y a su corazón, a nosotros y a su Hijo, es cuando
la persona y la naturaleza de Dios se manifiestan a nuestra comprensión, espíritu y emociones. Pablo oró por Éfeso: *"Pido que el
Dios de nuestro Señor Jesucristo, el Padre glorioso, les dé el Espíritu
de sabiduría y de revelación, para que lo conozcan mejor"* (Efesios
1:17-19 NVI). Que oración tan sencilla y tan profunda, él no oraba
para que los creyentes tuvieran sabiduría y revelación y así profesar
mejor su cristiandad o para que dominaran el mundo, él oraba con
el sencillo enfoque fundamental del sistema básico de creencias del
cristianismo: que tuvieras revelaciones para así conocer realmente
a Jesús.

Esto es lo que Juan vio (ver Apocalipsis 1) cuando tuvo la revelación de Jesús, el gran deseo de Dios por compartir su identidad
y su naturaleza con nosotros. Él quiere que lo conozcamos y que
recibamos su amor, su propósito y sus planes para que podamos
colaborar con Él y nos muevan sus intenciones.

EL ANTIGUO TESTAMENTO VS. EL NUEVO TESTAMENTO
COMPRENDIENDO LA PROFECÍA

Cuando lees el Antiguo Testamento, puedes ver que es un libro
sobre Dios buscando y cortejando a su pueblo, el pueblo judío, para
reconectarse con Él, es fiel a su tarea de guiarlos, hablarles y am-

arlos, pero lo hace de una manera muy distinta a como lo hace en el Nuevo Testamento. El contraste de cómo funciona la profecía en el Antiguo Testamento contra cómo funciona en el Nuevo Testamento es importante, el principal contraste está en a quiénes utilizó Dios y cómo los utilizó. Dios elegía a alguien que tenía una naturaleza especial y un destino que no era común dentro de su generación, Dios le otorgaba el liderazgo a esta persona y hablaba únicamente con él o con algunos pocos, dentro de una generación para liderar a su gente.

Estos profetas elegidos se encontraban extremadamente cerca del corazón de Dios y los trataba como amigos. Algunos eran tan sólo una imagen de la relación que experimentamos nosotros ahora como cristianos, cada profeta tenía que ser extremadamente cuidadoso, porque era el único encargado del deseo de Dios en la tierra en esa época. Estos reyes, jueces, profetas y líderes eran responsables de pastorear a todos los elegidos de Dios, si no hablaban cada vez que Dios les mostraba algo, entonces su pueblo podría ser mal dirigido, si el pueblo no escuchaba, entonces Dios tenía que disciplinarlos, para poder entender esto en su totalidad se necesitaría llevar todo un curso bíblico, ¡pero vale la pena tomarlo!

NUESTRA PROPIA FE EN DIOS NOS JUSTIFICA. NADIE PUEDE OBTENERLA EN LUGAR DE NOSOTROS

En el Antiguo Testamento, la profecía era acerca de la obediencia al Señor a través de sus siervos elegidos. No podías necesariamente opinar sobre algún asunto, sino que esperabas a que Dios le hablara a tu rey, profeta o líder, dentro de la expiación (desde los tiempos NT hasta hoy), cada creyente tiene una conexión con el Espíritu de Dios por el precio que pagó Jesús, la fe en Dios nos justifica a cada uno de nosotros, nadie más puede tomar la decisión de salvarse o de tener una relación con Dios en nuestro lugar, todos debemos tener nuestra propia conexión, así que en el Nuevo Testamento, observamos a creyentes que fortalecen esta relación y la propagan, muestran señales, maravillas, milagros y hablan por Dios a través de su Espíritu como una comunidad cristiana.

JESÚS PROMETIÓ QUE DIOS LE HABLARÍA A TODO AQUEL QUE CREYERA

Jesús señalaba constantemente que Dios deseaba hablar con todos los creyentes y lo ilustraba con la parábola del buen pastor quien habla a sus ovejas (ver Juan 10). Prometió incluso que todos aquellos que le siguieran contarían con el Espíritu Santo en la misma medida que él para que pudieran escuchar al Padre íntimamente (ver Juan 16). *"Pero, cuando venga el Espíritu de la verdad, él los guiará a toda la verdad, porque no hablará por su propia cuenta, sino que dirá solo lo que oiga y les anunciará las cosas por venir. Él me glorificará porque tomará de lo mío y se lo dará a conocer a ustedes. Todo cuanto tiene el Padre es mío. Por eso les dije que el Espíritu tomará de lo mío y se lo dará a conocer a ustedes"* (Juan 16: 13-15 NVI).

Esta es una conexión totalmente diferente con Dios que el pueblo judío no tenía antes de la Expiación, aun cuando era el plan original de Dios estar íntimamente conectado con nosotros, como cuando Adán y Eva caminaron con Dios en el jardín del Edén.

SER GUIADO PERSONALMENTE POR DIOS

En el Antiguo Testamento, un profeta era el líder espiritual de una nación y en la mayoría de los casos, Dios no actuaba sin antes revelarle sus planes a un profeta, esto era sumamente importante, dado que Dios mostraba así que mantenía y alimentaba su alianza con el pueblo judío hasta que los restaurara. Lo hizo a través de sus siervos elegidos, a quienes levantó de las adversidades más terribles, debían dirigir de forma que fuera evidente para todo el mundo (o por lo menos para los judíos) que ellos eran los elegidos, eran una señal y un milagro para cada generación, llevando al pueblo hacia exactamente lo que Dios había prometido y protegiéndolo de todos los enemigos de Dios, incluyendo a aquellos que se encontraban entre ellos mismos.

En el Nuevo Testamento, sin embargo, a cada creyente le fue dada la responsabilidad de su propio viaje y crecimiento espiritual con Dios y su caminar no debía ser independiente a un grupo de creyentes o a una comunidad, cada persona que cree se convierte en un letrero para el reino de Dios y en una señal de la promesa de que Jesús regresará de nuevo con aquellos que lo aman. El mensaje ha viajado por todo el mundo desde entonces, el gobierno del Reino no es un sistema o un hombre ungido, es el gobierno del amor y Espíritu de Dios que guían a la gente mientras interpretan juntos la Biblia durante los días y en la época en que vivan, En lugar de que Dios sólo guíe a Israel hacia sus promesas específicas, Él incluye a todos (a través de la salvación), así que aunque todavía hay muchas promesas y propósitos importantes para el pueblo judío que necesitamos atesorar y anticipar, el Espíritu de Dios se encuentra en toda la humanidad para que así todo sea restaurado y se encuentre dentro de su gracia eterna.

JUSTIFICADOS POR LA FE

Cuando Martin Luthero colgó su tesis en la puerta de Wittenberg, se encontraba peleando para que todos tuvieran el derecho de saber que todos estamos justificados ante Dios por nuestra propia fe en Él, en otras palabras, tenemos una responsabilidad individual de escuchar a Dios e interpretar su Palabra, no vamos a ir al cielo o a tener una vida plena sólo por contar con el liderazgo de la iglesia en nuestras vidas; tenemos una responsabilidad personal de escuchar a Dios a través de la Palabra y del Espíritu en nuestros tiempos, dicho de otra forma, no podemos vivir indirectamente a través de la iglesia, de un profeta o de la santidad de una institución; tenemos que ser santificados y manejar de manera separada nuestra propia relación con Dios.

Es por eso que la profecía debería de ser alentadora, reconfortante y edificante, porque Dios ya habla a través de nuestra esencia y la profecía debe validar lo que ya sabemos acerca de fortalecernos a través del amor, eso no significa que las palabras proféticas no tengan una nueva dirección o conexión, sino que la profecía no debe de tener como meta el dirigir de una manera autoritaria, deberá dar lugar a que las personas que reciban la palabra sean responsables ante Dios por sus propias elecciones *y no exigir que alguien más haga esta elección en su lugar.*

La Biblia es una guía espiritual que debemos seguir, todo lo que necesitamos de Dios para tener una exitosa vida cristiana se encuentra ahí y contamos con el Espíritu Santo para guiarnos en esta travesía de vida. La Biblia se convierte en la máxima autoridad de la voz directiva de Dios en nuestras vidas, así que si alguien te pide que te mudes porque Dios le ha dicho que no prosperarás dentro de tu ciudad y no sientes como si Dios mismo te lo pidiera, no tienes por qué hacerlo, la Biblia no te dice que te mudes y tampoco el Espíritu, seguir a Dios no traerá consecuencias negativas, pero las podrá haber de seguir al hombre; ciertas comunidades cristianas perciben la voz de un profeta y la autoridad de la Biblia como si fueran lo mismo y a veces ni siquiera se encuentran conectados.

La profecía proveniente de otros nunca deberá violar nuestra voluntad o nuestra habilidad para tomar decisiones, muchas personas que se han movido dentro de la profecía en tiempos modernos, han seguido el modelo de los profetas del Antiguo Testamento y tratan de dirigir las iglesias o sus movimientos siguiendo viejas reglas, reglas que simplemente no tienen la expiación y la restauración de la relación con Dios dentro de su teología, esto puede provocar un control y una manipulación devastadora del rebaño, porque cuando piensas que Dios ha hablado y utilizas lo que escuchas para dirigir y liderar a la gente por senderos que normalmente no tomarían, estás violando sus propios caminos de fe con Dios.

El mundo no necesita de otro Espíritu Santo que no sea Jesús, necesita la conexión con Aquel con quien ya la tiene.

Cualquier persona que trate de encajar en este papel se encontrará a sí mismo como un líder puramente legalista e insatisfecho.

NO SE TRATA DE INFORMACIÓN SINO DE RELACIÓN

En el Antiguo Testamento, Dios guío a Israel a través de profetas que eran infalibles (en la mayoría de los casos) y si no, eran condenados a muerte por equivocarse o por engañar a la gente, hay varias Escrituras que hablan de Dios invirtiendo su amor en su pueblo al hablar a través de sus elegidos, Dios le pidió a su gente, al pueblo judío, que honraran esto no sólo para que tuvieran una vida fructífera, sino para que alcanzaran la total prosperidad de su propósito como pueblo. Dios habló a través de mandamientos y decretos para que mediante las tradiciones y su obediencia, pudieran llegar a la comprensión de Su amor y alianza.

Cuando Jesús vino como el total cumplimiento de todo lo que Dios le había prometido al pueblo judío (con respecto a un Mesías), él nos conectó directamente con Dios. Después de que Pablo, el más grande apóstol, tuviera su encuentro en el camino hacia Damasco, se le dio una revelación de proporciones bíblicas, los Gentiles (todos los que no eran judíos) también se vieron beneficiados por este gran cumplimiento; el mundo entero fue expiado por su relación rota con Dios, y ahora todos podemos construir una relación directa con el Padre, a través del Espíritu de Dios, por lo que Jesús padeció en la cruz.

El Nuevo Testamento no hace énfasis en ninguna información o precisión cuando Dios habla, enfatiza el amor, como Pablo dice: *"Lo único que cuenta es la fe expresada a través del amor"* (Gálatas 5: 6b NVI). El Nuevo Testamento enfatiza nuestro recibimiento del poder del Espíritu, junto con todos los demás creyentes, los discípulos recibieron la misma presencia permanente o reconfortante en ellos (ver Hechos 2:1-4) que Jesús cuando recibió la unción a través de Juan el Bautista. La presencia de Dios fue la primera respuesta manifiesta para los discípulos a la oración de Jesús a su Padre antes de ser traicionado (véase Juan 17).

En respuesta a esta manifestación, Pedro citó a Joel 2 y dijo que el Espíritu de Dios estaba sobre ellos y que los más jóvenes tendrían visiones y los más viejos tendrían diferentes sueños, en otras palabras, el Espíritu de Dios estaba (y está) sobre cada uno, y todos estaban siendo profetas porque Dios había restaurado su relación con la humanidad a través de Jesucristo.

Esto significa que el objetivo y la jurisdicción de la profecía es no darnos información sobre cómo Dios nos está llevando hacia esta alianza y lejos de nuestros pecados. El propósito principal de las palabras del Espíritu es revelar el amor de nuestro Padre y nuestra relación con él, puesto que todos somos capaces de escuchar a Dios por nosotros mismos, nuestra meta al escuchar a Dios con mensajes para otros, es alentar esa relación amorosa y afirmar esa gran conexión. Dios ya no está guiando a su pueblo hacia esa conexión, ya está hecha y se ha dado libremente, incluso para los que no son judíos, por lo que ahora podemos descansar al construir esa relación en vez de vivir indirectamente a través de quienes la tienen.

Aún hay profecías muy específicas para el pueblo Judío, en quienes Dios puso todo su corazón. Nosotros respetamos estas revelaciones especiales que al final son la comprobación del plan de redención de Dios.

PABLO SABÍA QUE DIOS LO ESTABA LLAMANDO PARA IR A ROMA Y UN PROFETA TRATÓ DE DETENERLO

Esto se vio claramente cuando Agabo fue a ver a Pablo y le rogó que no fuera a Roma porque había tenido una revelación de que Pablo sería encarcelado. Esta es la historia:

"Llevábamos allí varios días cuando bajó de Judea un profeta llamado Agabo. Este vino a vernos y, tomando el cinturón de Pablo, se ató con él de pies y manos, y dijo:—Así dice el Espíritu Santo: "De esta manera atarán los judíos de Jerusalén al dueño de este cinturón, y lo entregarán en manos de los gentiles".

Al oír esto, nosotros y los de aquel lugar le rogamos a Pablo que no subiera a Jerusalén. —¿Por qué lloran? ¡Me parten el alma! — respondió Pablo—. Por el nombre del Señor Jesús estoy dispuesto no solo a ser atado, sino también a morir en Jerusalén. Como no se dejaba convencer, desistimos, exclamando: —¡Que se haga la voluntad del Señor!" (Hechos 21:10-14 NVI).

Hay tres hechos importantes al momento de platicar con personas que creen en el Nuevo Testamento:

1) Cuando analizas lo que le pasó a Pablo, Agabo de hecho estaba equivocado en un detalle. Los Gentiles realmente rescataron a Pablo de los judíos porque era un ciudadano romano respetado, mientas que Agabo había implicado que los Gentiles lo matarían.

2) Pablo había escuchado de parte de Dios que debía ir a Roma, así que ni siquiera un profeta pudo convencerlo de lo contrario.

3) A Agabo nunca lo consideraron como un profeta falso

por ninguno de estos hechos, más bien era muy querido por todos.

Esto te demuestra, a partir de una de las pocas historias sobre un profeta en el Nuevo Testamento, cuánto han cambiado las cosas (porque el Espíritu de Dios está en todos los que creen). No se trata de información o dirección. Agabo había discernido algo, y puede que incluso haya sentido algo proveniente del corazón de Dios, pero sus pensamientos y la revelación estaban incompletos comparados con los de Pablo.

YA NO SE TRATA SÓLO DE INFORMACIÓN, SINO DE AMOR

Me encontraba en una famosa cafetería de Hollywood y vi a un sujeto en la fila, quien yo sabía trabajaba en la industria del entretenimiento, me sentí atraído hacia él así que le pedí a Dios que compartiera su corazón conmigo para que pudiera hablar con él.

Me acerqué a él y le pregunté: *"Oye, ¿tienes un hermano que se llama Stephan, ¿O un primo?"*

Me sonrío y contestó que no, con curiosidad.

Le di las gracias y comencé a alejarme, sintiéndome apenado de que mi palabra de conocimiento no hubiera llegado a ningún lugar.

"¡Espera!" dijo. *"¿Por qué la pregunta?"*

Sabía que tenía algunas opciones. Podía hacer parecer que conocía a su hermano/primo. Podía decir que por ninguna razón en especial. Podía ignorarlo. Pero me sentí obligado a ser honesto.

"Es curioso, realmente. Estoy practicando escuchar la voz de Dios, y por eso te pregunté. Pensé que Dios me había mostrado algo". Me preparé para el rechazo que seguro vendría tras una respuesta tan extraña.

"¡Dios mío!, he esperado toda mi vida para hablar con alguien que escuche la voz de Dios!, ¿Tienes tiempo de sentarte y explicármelo?" estaba extático!

¿Sabes qué? Después de cuarenta y cinco minutos fue salvo, a partir de lo que parecía ser una palabra de conocimiento equivocada. La información no es importante; el amor sí, el amor nos protege incluso cuando nos equivocamos, porque la relación supera las brechas que crean los riesgos o incluso la inmadurez.

DIOS ABRE NUESTROS OÍDOS Y NUESTROS OJOS Y NOS DA SU JUICIO E INTELIGENCIA

Otra de mis diferencias favoritas es cuando Pablo describe lo que la relación con el Espíritu Santo provoca en nuestras vidas, lo cual es fundamental en nuestra experiencia como cristianos:

"Sin embargo, como está escrito: "Ningún ojo ha visto, ningún oído ha escuchado, ninguna mente humana ha concebido" —- lo que Dios ha preparado para quienes lo aman — estas son las cosas que Dios nos ha revelado a través del Espíritu.

"El Espíritu lo examina todo, incluso las profundidades de Dios. En efecto, ¿quién conoce los pensamientos del ser humano sino su propio espíritu que está en él? Así mismo, nadie conoce los pensamientos de Dios sino el Espíritu de Dios. Nosotros no hemos recibido el espíritu del mundo, sino el Espíritu que procede de Dios, para que entendamos lo que por su gracia él nos ha concedido. Esto es precisamente de lo que hablamos, no con las palabras que enseña la sabiduría humana, sino con las que enseña el Espíritu, de modo que expresamos verdades espirituales en términos espirituales. Pero el hombre natural no percibe las cosas que

son del Espíritu de Dios, porque para él son locura, y no las puede entender, porque se han de discernir espiritualmente. En cambio, la persona animada por el Espíritu puede emitir juicio sobre todo, sin que ella esté sujeta al juicio de nadie. Pues la Escritura dice: "¿Quién conoce la mente del Señor? ¿Quién podrá instruirle?" Sin embargo, nosotros tenemos la mente de Cristo.(1 Corintios 2:9).

En el Antiguo Testamento, Dios conecta al pueblo judío con el hecho de que quería que abrieran otra vez sus ojos y sus oídos, Dios quería darles Su mente para que pudieran estar conectados con Él tal y como habían sido diseñados, continuamente les ayudaba a ver en qué aspectos tenían los ojos y los oídos cerrados para que pudieran tener esperanza de una revelación total o un nuevo entendimiento; reprendió a los israelitas por decir que tenían Su mente (la mente de Dios) cuando hablaban por ellos mismos, fijo el objetivo de lo que una restauración completa en su reino significaría tan alto, que los castigó y los amó incluso cuando se desviaron drásticamente.

Pablo señaló la diferencia entre aquellos que vinieron antes de la resurrección de Jesús y después de ella. "¡Lo tenemos!" dijo. En otras palabras, nadie tenía la mente del Señor, pero Pablo dijo que tenemos la mente de Dios gracias a nuestra profunda conexión con el Espíritu de Dios. Dios expresa sus pensamientos en nuestros lugares más profundos.

BOB JONES Y LA PROFECÍA DE EVITAR IR A LOS ANGELES

Bob Jones era como un abuelo para mí. Tenía tal aprensión (basada en algunas de sus visiones espirituales anteriores) acerca de California que cuando le dije que finalmente me iba a mudar allí, me rogó que no fuera, estaba convencido de que el gran terremoto estaba por suceder y que ni siquiera la oración podría detenerlo. Incluso profetizó unas cuantas veces que sucedería, junto con fechas y periodos de tiempo.

Le expliqué: *"Bob, tengo que descartar lo que dices sin descartarte a ti y vice versa. Te necesito, y sólo porque no creo en tu palabra sobre California, no importa con cuanta pasión lo digas, eso no quiere decir que no confíe en ti en muchas otras áreas. ¿Puedes seguir en contacto conmigo, incluso cuando no estoy confiando en tu perspectiva espiritual y creo que es un poco descabellada?"*

Sonrió y dijo "sí." Esta fue una señal de un verdadero profeta del Nuevo Testamento; se trataba de amor, no de información o de palabra

Años después me dio dos profecías claves sobre California—dijo que haría un reestreno a través de la televisión y del cine y que oraba para que yo pudiera *"contar una visión"* mediante la televisión y el cine, ¿y sabes qué?, ¡LO ESTAMOS HACIENDO!, gracias a Dios por la profecía.

CAPÍTULO 6

LA REVELACIÓN, UN PASO MÁS ALLÁ DEL DISCERNIMIENTO

LA REVELACIÓN NOS HACE DISCERNIR ENTRE LA MENTE DE DIOS Y UN CORAZÓN PROFUNDO

> *"¿Quién, mientras camina en el área de la profecía y conoce gente, ve o siente primero las cosas negativas con las que las personas están lidiando? Si te pasa a ti, es porque Dios te está confiando su corazón y te pide que les hables de lo opuesto. ¡Quiere que hagas brillar el oro en ellos!"* GRAHAM COOKE

La humanidad está mentalmente programada para el discernimiento, nacemos con intuición y Dios nos creó con la capacidad de discernir entre los motivos de otras personas, sus corazones, dones, talentos y habilidades; conforme oramos, es más fácil discernir, sentir o percibir cosas sobre aquellos aspectos por los que estamos orando, Dios nos hizo con esta maravillosa habilidad, es una herramienta relacional, pero no es un sustituto para la relación en sí.

Cuando disciernes cosas, no necesariamente estás percibiendo el mensaje profético de una revelación, es más como el inicio de una conversación, es Dios ayudando a tu hombre espiritual a utilizar tus ojos y sentimientos espirituales para conocer y ver el mundo que te rodea; son todos tus sentidos más los sentidos espirituales trabajando juntos y son los regalos de conexión de Dios contigo. Conéctate con Dios primeramente y permite que tu discernimiento sea la puerta para la revelación espiritual que va más allá de tus pensamientos, sentimientos, opiniones o fe, Dios quiere que tomes lo que puedas discernir y hables con Él sobre ello, entonces podrá revelar su corazón a profundidad y compartir sus pensamientos sobre el tema.

He llegado a creer que muchas de las palabras proporcionadas por un "profeta" son sólo palabras de discernimiento, nada más, porque aquel que da la palabra no ha ido más allá de su propia mente y de su propio corazón y viajó a los de Dios, eso implica conexión; cualquiera puede discernir algo si escucha por un momento, pero únicamente los cristianos pueden alcanzar constantemente el corazón de Dios a través de su Espíritu y escuchar sus palabras sobre ese discernimiento.

LA GRAN PARTE DE LÍDERES CRISTIANOS DISCIERNEN SIN DAR SEGUIMIENTO A LAS PALABRAS PROFÉTICAS

En nuestro ejemplo de Los Ángeles: si introduces "Profecía de Los Ángeles" en un motor de búsqueda, encontrarás cientos de páginas sobre gente que afirma que será destruida y que vendrán tsunamis y terremotos para juzgarlos, es difícil encontrar una palabra positiva porque el mundo tiene demasiado prejuicio generacional contra el sur de California; recuerda, incluso Bob Jones, a quien yo respetaba y en quien confiaba más que en cualquier otro de los profetas en mi vida, tenía algo negativo que decir sobre California. La percepción negativa que los estadounidenses y otras personas tienen sobre California ha estado presente desde el principio, además de una emocionante reputación de que ahí cualquiera podría tener una vida mejor; ya fuera por la fiebre del oro, la industria del entretenimient, o la industria empresarial que surgieron allí, siempre ha habido soñadores que dejan a sus familias y a sus comunidades para experimentar la promesa de California de que los grandes sueños se pueden convertir en realidad. Desafortunadamente, muchas familias vieron a un ser querido, que se fue siguiendo la fiebre del oro, morir (uno de cada cinco de los miembros de una familia), sólo vieron a un pequeño porcentaje de personas que iban tras la industria del entretenimiento tener éxito, vieron dolor,sufrimiento, y cada vez que oían que un negocio fracasaba, lo sumaban al estigma que California ya se había ganado.

El cristianismo ha visto algunas de las más grandes obras de Dios salir directamente de California, pero también algunas de las peores discrepancias morales—desde líderes cristianos, cultos cristianos, hasta una desequilibrada cobertura de medios. El Sur de California fue el Lejano Oeste de la iglesia durante un tiempo, Discernir lo que está mal en California es fácil, distinguir lo que es correcto es un poco más difícil, pero no es tan difícil distinguir del corazón de Dios lo que Él desea para California, esto sólo llega a través de la revelación y la intimidad. Muchas personas han asumido que debido a los incontables resurgimientos que han salido de California, seguro tendremos otro, algunas personas asumen, desde su perspectiva basada en la fe, que debido a que tantas cosas malas han salido de California, estamos condenados a largo plazo.

Ambas suposiciones pueden surgir de una profunda arrogancia, yo sé lo que Dios quiere porque he leído sobre Él; he escuchado lo que ha hecho y lo que hará nuevamente; tengo un profundo conocimiento de sus principios; he visto sus acciones a lo largo de la historia bíblica.

La realidad es que el conocimiento que no está casado con el amor y la consciencia espiritual puede convertirse en religioso. Pablo se dio cuenta de esto en su camino a Damasco, era uno de los hombres más educados dentro de toda la cultura judía, sin embargo, usaba su sabiduría para infringir al mismo Dios que proclamaba adorar, tenía una desconexión y una arrogancia basadas en su discernimiento natural, sabiduría, educación y el estado de la religión dentro de su cultura; corremos el riesgo de que esta misma arrogancia se introduzca en nuestros corazones cuando no dejamos al amor entrar primero, no podemos mantener nuestra perspectiva si está basada únicamente en lo que podemos discernir a través de nuestra mente y nuestro entendimiento.

Cuando llegamos a California, había quienes se unían a nosotros y se ofendían si alguien hablaba de un juicio de Dios sobre California, y lo compensaban con gracia diciendo: *"Todo está bien, Dios nos ama, nada está mal"* y también había gente externa que decía: "¿Ven?, ¡Tienen una teología retorcida de lo que es la gracia! Dios tiene que juzgar el pecado!"

El balance que necesitamos viene del conocimiento de que se supone que nosotros somos iguales a Jesús, quien vino al mundo amado de Dios, como una explicación de ese amor. Juan 3:17 dice que Jesús no vino a este mundo para condenarlo por sus pecados, porque esa es la función del Espíritu Santo. Llegamos amando al mundo, mostrando a las personas quiénes son y ayudándolos a ver los límites seguros alrededor de esa revelación, cuando la gente ve quién es Dios, lo que desea y si quieren conectarse con Él, protegerán esa conexión a toda costa una vez que la hayan experimentado, sin embargo, si empezamos por no dar una revelación de quién es Dios y empezamos por dar los principios de su reino, entonces la gente nunca entrará (o querrá entrar) a un lugar en donde tengan una relación con Él.

La santidad no está libre de pecado, es la capacidad de ver qué vale la pena proteger y entonces decir no al pecado para proteger nuestro sí al amor. Cuando entendemos esto, podemos ser los profetas que fuimos diseñados a ser sin ser profetas juzgadores, proclamando que las personas deben cambiar para heredar una relación con Dios; nos convertimos en modelos y portavoces que indican cómo conectarse más con el amor de Dios, entonces podemos ejemplificar cómo mantenerse conectados dejando a un lado diferentes patrones que impiden esa conexión y relación.

Parecería que incluso las personas que siguieron a Jesús en la tierra no pudieron permanecer sin pecado, todos ellos fallaron, pero sabían cómo proteger su conexión (o reconexión) con Dios.

SÓLO NECESITO UN ESPÍRITU SANTO, SHAWN

Por un tiempo atravesé, como la mayoría de las personas que se convierten en cristianos que van a la iglesia, por una radical fase religiosa, la mía ocurrió cuando era adolescente, lo cual es un golpe doble, porque muchos adolescentes creen que ya lo saben todo, añádele a eso, algo de orgullo religioso y un deseo de tener un maravilloso impacto sobrenatural a través de la profecía y tu familia va a sufrir. Recuerdo haber espiritualizado todo y un día, después de tratar de condenar a mi mamá de algo que ni siquiera era pecado sino más bien algo que no me gusto, se dio vuelta, me miró y dijo: *"SÓLO NECESITO UN ESPÍRITU SANTO, SHAWN!"*

Esto penetró mi corazón profundamente, porque no trataba de ser como Jesús al alentar y amar a la humanidad, estaba tratando de cambiar el mundo que me rodeaba juzgándolo, esperando que si mejoraba, yo me sentiría más feliz; las personas que usan la religión para vigilar al mundo que los rodea, se convierten en algunas de las personas más desdichadas y peligrosas de la tierra.

Nadie necesita que los profetas le indiquen en qué está fallando, todos sabemos en qué somos débiles; no necesitamos sentirnos avergonzados para mejorar, necesitamos esperanza y vida, Jesús nunca se sintió motivado en usar la revelación para avergonzar a nadie, siempre se sintió motivado para usar la revelación con el fin de crear un contexto del corazón del cielo y el amor que había ahí para todo aquel con quien se cruzaba. A menudo pasaba tiempo con personas que eran fáciles de juzgar y los invitaba a un lugar de importancia espiritual a través de invertir tiempo con ellos.

LA PROFECÍA DE TERREMOTOS EN PERÚ

Me desperté el 1 de febrero del 2001, y escuché a Dios decir: *"Habrá un terremoto en Perú en junio y destruirá muchos edificios y casas. El enemigo lo sabe y quiere capitalizarlo matando a miles. Avisa a las Iglesias de Perú que estén listas, que compren seguros y ayuden a su gente a protegerse contra los terremotos."*

Conocía a una de las Iglesias más grandes en las afueras de Lima, así que llamé al pastor y le informe de esto, él me preguntó qué días, *"No sé el día exacto, pero sé que Dios quiere salvar gente y ayudar a tu pueblo y a otros".*

En el pasado, le había comunicado tanto a este pastor como a algunos otros, varios mensajes muy específicos y sus corazones se encontraban abiertos a considerar este debido a mis antecedentes, conforme iban a sus iglesias y a las iglesias de sus amigos con la posibilidad de un terremoto, todos estuvieron de acuerdo en que sería buena idea comprar un seguro contra terremotos para las iglesias, negocios, casas, etc. para aquellos que pudieran hacerlo; muchas personas incluso protegieron sus casas contra terremotos. Una de las cosas más maravillosas que hicieron fue que organizaron una reunión de varias iglesias en la ciudad de consagración y oración, la cual duró siete días en las montañas durante las fechas que se le habían proporcionado, más de mil personas iban todos los días o permanecían ahí durante todo el tiempo.

El 24 de junio, el terremoto golpeó y devastó al país, pero debido a que estas Iglesias estuvieron orando antes del suceso, el número de víctimas fue mínimo y los heridos no fueron decenas de miles (aunque hubo más de 1700 heridos); sabían que Dios había protegido a su país y se sintieron muy valorados y amados por Él, no sólo eso, muchos de estos creyentes se vieron grandemente beneficiados ya que pudieron reconstruir sus casas y negocios e incluso convertir sus Iglesias en hermosas estructuras contra terremotos, debido al dinero de los seguros. Mi amigo pastor me pidió que fuera en 2005 a ver la reconstrucción y era hermosa – ¡mucho más que la iglesia a la que yo pertenecía en los Estados Unidos!

DIOS QUIERE REVELARNOS COSAS DIFÍCILES, NO SÓLO COSAS BUENAS, PERO ES SIEMPRE POR BONDAD

"La fe no niega la existencia de un problema. Niega que éste tome un lugar importante." BILL JOHNSON

Dios ayudó a toda esa comunidad a comprender un evento devastador mostrándoles lo bueno que Él es, algunos se vieron afectados de manera negativa, pero también pudieron ver cómo Dios ayudó a muchos y ahora podían escuchar el mensaje de la iglesia sobre cómo Dios podía otorgar el bien en medio de los planes del diablo para el mal. La reacción de la iglesia fue un gran ejemplo de la gente del reino que se convirtió en un recurso para su comunidad en tiempos de tragedia, porque la iglesia peruana se convirtió en un centro de distribución de ayuda, ellos estaban preparados.

La mayoría de los mensajes que provienen de carismáticas voces pentecostales después de una tragedia son algo así: ¡Se lo merecían!, ¡Tus pecados hicieron que te pasara esto!, ¡No eres digno y Dios te odia, así que fuiste juzgado!, este es un mensaje anti-Jesús. Él vino al mundo porque aunque era un lugar oscuro, consideraba a todos dignos del precio que pagaría en la cruz, Él sabía acerca de los burdeles de niños que había en Roma, sabía acerca de la esclavitud que existía en todas las naciones, sabía que el pueblo

judío malversaba dinero del templo, sabía todo sobre las prostitutas del templo y la desenfrenada inmoralidad sexual; Él vino en ese
tiempo para el pueblo de ese entonces y no se sintió ofendido, en
lugar de eso, dijo: *"¡tú vales la pena, tu vales el precio!"*

Jesús nunca habría muerto en la cruz si hubiera tenido en su
corazón la teología que la mayoría de los cristianos tienen hoy, de
hecho, algunos cristianos hoy en día estarían descontentos con su
ciudad o con cualquier otra ciudad, incluso si Jesús muriera otra
vez por ellas, lo que significa que ellos no consideran que el precio
que pagó tiene el valor suficiente para perdonar los pecados de sus
regiones; viven como si todavía existiera una maldición que puede
negar el amor de Dios.

UNA MALA TEOLOGÍA = JUICIO Y PROFECÍA NEGATIVA

Cuando nos vemos afectados de manera negativa por algún
pecado dentro de nuestra familia o dentro de nuestra comunidad,
a menudo tratamos de tener una perspectiva espiritual en cuanto a
qué está pasando, pero si sólo nos quedamos con el discernimiento
y añadimos una teología o escatología negativa, entonces vamos a
profesar un borrón y cuenta nueva antes de que Dios pueda comenzar de nuevo. "Dios tiene que juzgar esto para poderlo limpiar" (lo
cual no es para nada una teología del Nuevo Testamento), tomando
otra vez como referencia a Juan 3:17 que afirma que Jesús no vino
a emitir juicio sobre asuntos terrenales, sino a pagar un precio para
nuevamente traer el diseño y propósito original de Dios al mundo.
Cuando le hablamos al mundo sobre lo que se supone que debe ser,
le damos una oportunidad para transformarse en vez de destruirse.

Uno de los aspectos más emocionantes de aceptar a Cristo en
nuestras vidas es que nos libera de cosechar lo que hemos sembra-
do, esto no quiere decir que nuestras elecciones no tengan consecuencias, sino que detiene los círculos viciosos en nuestras vidas

cuando nos arrepentimos y regresamos a Él; incluso anula el orden normal de heredar mala suerte como el fruto de nuestras elecciones, es como la historia del hijo pródigo, Dios está esperando que regresemos y como un padre amoroso, está listo para permitir totalmente que heredemos bendiciones en vez de una cosecha de malas consecuencias por los errores en nuestras vidas.

EL AMOR PERFECTO ELIMINA EL MIEDO

En una reunión a la que asistí cuando era joven, había un profeta muy cariñoso a cargo del ministerio, nombró a uno de mis nuevos amigos cercanos, quien era aproximadamente diez años mayor que yo, acababa de convertirse de una vida de drogas y adicción sexual y había tenido cientos de compañeras sexuales, estaba aterrado de que le hicieran la prueba de VIH porque sabía dentro de él que probablemente saldría positivo, sentí que lo merecía después de una vida tan intensa de destrucción sexual.

El profeta se acercó a él de manera individual, sin conocerlo y le dijo: *"Dios quiere curarte del VIH, o de la amenaza de VIH y sanarte para tener la vida que Él tiene para ti. Ve y hazte la prueba, y cuando veas que el resultado es negativo, nunca más vuelvas a sentir miedo".*

Mi amigo se derrumbó llorando y vi que el miedo que tenía por su vida se derritió en su corazón. La mentira de que merecía tener VIH salió de su corazón y cuando se hizo la prueba, *salió negativo*.

Como cristianos a veces sentimos la necesidad de ver que cierto tipo de justicia natural ocurra, lo que significaría que el malo muriera en nuestra época o que atraparan y castigaran al ladrón; es como la mentalidad estadounidense de que nos merecemos un final feliz, empezamos a calificar a la humanidad como enemiga de Dios y objeto de su ira.

Pablo tuvo que escribir a los Efesios sobre este problema en el que también nos encontramos: *"Porque nuestra lucha no es contra seres humanos, sino contra poderes, contra autoridades, contra potestades que dominan este mundo de tinieblas, contra fuerzas espirituales malignas en las regiones celestiales"* (Efesios 6:12 NVI), está claramente definido como una guerra en contra de la corrupción, los poderes y la falsa autoridad. Dios nunca quiso que nosotros estuviéramos en guerra con la humanidad, Jesús tuvo que explicar a algunos de sus seguidores que no iba a crear una guerra o a derrocar al gobierno porque el reino al que pertenecía traería justicia y no sólo una solución temporal.

Sabemos que el mundo en su estado actual, sin la ayuda de Jesús, es oscuro, Dios no tiene que añadir Su poder para pulverizar lo que ya va en camino a la destrucción, pero nos pide que colaboremos con Él en la redención, transformación y esperanza.

PROFECIA DE JUICIO

Voy a hacer una amplia declaración que ofenderá a mucha gente: la mayoría de los profetas que emiten palabras de juicio se han equivocado. Muy pocos pueden señalar tener un mensaje grabado antes del evento, pero tratan de llevarse la gloria después de éste: "Le hablé a mi equipo sobre esa noche" o "Sabía que esto iba a pasar", muchas de las personas que transmiten palabras de juicio nunca se toman la responsabilidad por darles seguimiento para ver si realmente suceden, así que es difícil que rindan cuentas y crear un registro de seguimiento en el que se pueda confiar. [Nos adentraremos más en esto posteriormente en ellibro].

He estado cerca de profetas maravillosos que hablan de un juicio y luego cuando los demás les preguntan por qué no sucedió, declaran: "La gente debe haber orado. . . .", lo cual implica dos cosas:

1. Fue una advertencia, no un suceso garantizado a ocurrir, así que deberían profesarlo de esa forma, de decidir hacerlo. Nunca puede haber un momento en que alguien le diga a una región, ciudad o persona que Dios los juzgará sin darles ninguna esperanza. Dios a veces permitirá que haya consecuencias por los pecados y esto es a menudo malinterpretado como un juicio.

Dios no se dedica a traer desastre o calamidades directamente a las personas que han tomado malas decisiones, es obvio que el precio del pecado es la muerte y que cuando tomes una mala decisión la tendrás que cosechar en algún momento, Dios, sin embargo (de acuerdo a las Escrituras), protegerá su alianza con su pueblo, actuará en representación de los pobres, las viudas y los huérfanos; y, se opondrá a la gente que viole a los niños.

Algunas veces, los cristianos que profetizan terremotos, tsunamis, sequías y otras cosas más, están realmente declarando que Dios (quien ama y envío a su hijo para cubrir la brecha relacional) necesita una repetición del precio que se pagó para hacer que estas cosas no ocurrieran otra vez; en otras palabras: *"Porque tú, al igual, estás separado en el pecado, no tienes esperanza de redención, así que tengo que destruirte. Jesús no cuenta porque también lo has rechazado a Él"*. Ese sería un evangelio muy enfermizo.

2. Esta profecía estaba condicionada y básicamente señalaba que las personas cosecharían los resultados de su pecado actual, pero les enseñó que tenían una oportunidad de arrepentirse y evitar esas consecuencias. Las condiciones necesitarán ser definidas y posteriormente se deberá darles seguimiento.

La número 2, es muy importante cuando las personas declaran qué es lo que Dios quiere en sus iglesias, ciudades, regiones, etc, tienen que TOMAR la responsabilidad para definir estos términos. Dios se dedica a hablar de maneras que podamos entender para que podamos posteriormente cambiar y transformarnos a partir de ellas, ¿Dice el profeta que debido a que existe alcoholismo en nuestra región, Dios tiene que quemar nuestros cultivos para el primero de marzo (una historia verdadera sobre la profecía de un profeta africano que nunca ocurrió)?, Si la profecía no se cumplió, ¿fue porque la tasa de alcoholismo cambio de una manera medible?, si no la puedes rastrear, entonces no vale la pena darla, porque eso hace que Dios se vea como una persona demente, toda profecía negativa debería tener una perspectiva redentora, de otra forma no estará alineada con la naturaleza de Dios.

Supongamos que das una profecía de que va a azotar una tormenta debido al pecado, habrá un terremoto debido a la corrupción, etc., y el desastre ocurriera, si no puedes definir qué ha cambiado debido a la profecía, ¿entonces de qué se trata la palabra en primer lugar?, Dios no sólo señala las cosas; ama al mundo y desea transformar a las personas, no matarlos por estar enojado con ellos.

SOMOS LLAMADOS A DISCERNIR TANTO LO BUENO COMO LO MALO Y ENTONCES DAR EL REPORTE DEL PADRE

Como cristiano vas a tener que discernir entre los motivos que la gente tiene en su corazón, la mala política, patrones patológicos en la educación, políticas y procedimientos terribles, avaricia, manipulación y más, pero no estarás atado a estas circunstancias; tu opinión y perspectiva también se verán influenciadas por los medios informativos que veas, las redes sociales, la opinión popular y amistades, todo lo cual provocará que tu discernimiento en algunas cosas sea más agudo (y posiblemente sesgado), somos llamados a distinguir el corazón del Padre, no sólo lo blanco y negro o la verdad de entre las mentiras, a veces ver la verdad sin el corazón y la perspectiva de Dios puede traer destrucción a las mismas relaciones que Dios quiere construir. Esto puede ser muy limitante y provocar aislamiento, pero cuando puedes ver a través de los ojos de Dios, te conectas al amor y puedes ver el panorama completo, no estás atado a una causa, estás atado al amor.

Digamos que puedo distinguir entre el esfuerzo que hace un conocido para mentir sobre algo que no es un asunto personal para mí y no tengo mucha relación con él, si se lo señalo simplemente porque lo veo y sé que puede ser peligroso, pero no ofrezco ningún proceso de sanación o ayuda a la persona, ¿estaría reforzando el comportamiento de vergüenza que provoca mentir o realmente le ayudaría a cambiar?

LOS DOS MENTIROSOS

Dos de los amigos de Jesús eran mentirosos, y no los persiguió directamente por su carácter débil, pasó tiempo con ellos construyendo una cultura de relaciones sanas y buen carácter, incluso generó en ellos cosas que él veía (en base a las revelaciones del Padre) a mitad de sus malas decisiones, en un momento dado, Jesús les señaló a ambos el hecho de que habían mentido o que iban a hacerlo.

Jesús no convocó a Judas hasta tres años después de iniciada su relación y esto se debió a que Judas, en un momento dado, empezó a tomar decisiones terribles que lastimaron a todos los que le rodeaban, decisiones que finalmente culminaron con la entrega de Jesús para ser asesinado; es asombroso que aun cuando Jesús podía discernir esto, no actuó en base a ese discernimiento mucho antes (que es como la mayoría de los líderes actuales dirigen. Ellos habrían descalificado a Judas y lo habrían excluido), Jesús, sin embargo, estaba creando un reino, estaba haciendo una inversión totalmente riesgosa con Judas y eligió tratarlo dándole más valor de lo que tenían sus decisiones en esos momentos. La cultura del corazón de Jesús fue como una incubadora tanto para Pedro como para Judas.

Jesús le dijo a Pedro que el mentiría tres veces sobre Él, le dijo esto como muestra de misericordia debido al carácter débil de Pedro; quería que supiera que aún lo amaba, incluso después de que eso sucediera; después de que Pedro hubo negado a su mejor amigo, probablemente pensó en que Jesús debió haberlo sabido durante mucho tiempo, pero que aun así y a pesar de eso, durante la Última Cena, Jesús había decidido tratarlo como a un amigo íntimo. Esa reflexión fue probablemente el único consuelo de Pedro, Jesús había sido maravilloso con él a pesar de señalar su debilidad de carácter y profesar su decisión negativa.

Si el reino se tratara únicamente sobre los principios del bien y del mal, entonces Jesús nunca hubiera buscado a Pedro después de su resurrección para sanarlo a través del amor, hubiera juzgado a Pedro como una persona no digna y hubiera buscado a alguien más honesto. Dios no ve nuestras debilidades actuales o nuestra falta de honestidad como un factor para descalificarnos, más bien ve cómo seríamos si lo siguiéramos con todo nuestro corazón y nos ama de esa manera.

EL DISCERNIMIENTO NO SIEMPRE CONSTRUYE

Vemos a muchos líderes estadounidenses de derechos civiles preocupados por la verdad actual de la cual carecen los derechos humanos y los derechos civiles, no siempre ven el panorama completo y van más allá de nuestras limitaciones como lo hacían algunos de nuestros antepasados, tal como Martin Luther King Jr. él tenía una visión profética y veía igualdad, veía puestos de trabajo para hombres y mujeres ofrecidos con igualdad para todos los géneros, todas las razas, todos los países y con cualquier pasado, tenía un sueño que no se limitaba a la sociedad de su época y hemos avanzado de manera significativa en tan sólo una generación.

Aquellos que no ven lo que Dios ha hecho y con lo que hemos contribuido podrán enfocarse únicamente en lo que no está sucediendo y entonces querer pelear por la justicia social y los derechos civiles, sin una perspectiva completa de lo que Dios ha hecho y sigue haciendo. Esta es una manera peligrosa de abordar los problemas, especialmente un problema fuerte como lo es el de la justicia social, porque toda justicia empieza con el reconocer que Dios tiene un plan, Él tiene planeado corregir la injusticia a través del amor y ha estado trabajando en ello durante miles de años; he conocido a increíbles líderes de derechos civiles que siguen esto al pie de la letra, pero también hay gritos fuertes de otros que no ayudarán a este país a avanzar porque sus declaraciones no se encuentran llenas de esperanza, de amor, de resolución, de cambio, o de justicia, lo mismo sucede en la iglesia.

TENEMOS QUE VER LO QUE DIOS ESTÁ HACIENDO, NO SÓLO LO QUE EL HOMBRE ESTÁ HACIENDO O LO QUE EL DIABLO QUIERE HACER

Cuando empezamos a discernir el corazón de Dios y no sólo la injusticia, vamos más allá de los ojos de nuestra generación y vemos con la visión de Dios, vemos lo que Dios quiere hacer y vemos quien es Él y lo que está haciendo y acercamos a nuestra comunidad a eso. Tenemos que difundir lo que está en el corazón de Dios como si estuviera completamente disponible para nosotros ahora, en lugar de observar lo que falta, es por esta razón que algunos cristianos dentro del área de los derechos civiles son personas negativas y sienten como si estuvieran retrocediendo, algunos pueden observar la belleza en el hecho de que ya tuvimos a nuestro primer presidente de raza negra; la culminación directa del sueño de Martin Luther King. Es hora de seguir viviendo el sueño y no sólo pelear por aquello que no ha sucedido.

Tenemos que distinguir el bien del mal y vivir en el bien, en lo correcto, en lo noble, Tenemos que mantener nuestros ojos y afectos fijos en Dios y ver las cosas desde Su perspectiva celestial, viviendo desde su presencia y su corazón lleno de amor. A menudo nos encontramos en guerra con Su perspectiva y la profecía puede ya sea agravar esa guerra o traer esperanza. ¡A la Biblia a menudo se le llama el evangelio de buenas noticias!, la profecía debe reflejar eso.

YENDO UN PASO MÁS ALLÁ DEL DISCERNIMIENTO

Como mencioné anteriormente, el discernimiento es simplemente Dios iniciando una conversación, cuando sientes empatía, compasión, pasión o tienes un corazón por la justicia, muchas de las cosas que vas a discernir te dejarán sintiéndote fuerte emocionalmente y espiritualmente debilitado. No te puedes quedar en el punto de partida, Dios te ha dado el discernimiento para que puedas orar y ver su perspectiva espiritual, a veces Dios te muestra lo que no está sucediendo para que puedas definir el vacío y le pidas a su corazón una solución. A veces te muestra lo que las personas no están haciendo para que puedas escuchar el corazón de Dios en cuanto a qué quiere construir; para todo aquello que vayas a discernir, ya existe un pensamiento original más profundo en el corazón de Dios.

Durante la preparatoria fui a una iglesia que tenía una cultura de discernimiento que no había madurado hacia la revelación, por lo que la gente a veces decía: *"Eso es algo malo"* sobre, digamos, una película, sin saber realmente de lo que trataba, recuerdo que algunos de ellos boicotearon la película Robin Hood con Kevin Costner, porque algunas de las mujeres fueron y se sintieron desesperadamente agobiadas cuando apareció la bruja en escena, regresaron con este reporte: "¡La película glorifica la brujería!"

Eso estaba totalmente fuera de contexto, porque la bruja y sus poderes demoniacos no fueron validados durante la película; la trama mostraba una maldad que debía ser derrotada; su "discernimiento" fue expresado como una revelación de que a Dios no le gustaba la película, muchas cosas podrían ser consideradas como inherentemente malas si se les saca de contexto, el contexto es la clave para entender el corazón y la historia, la Biblia está llena de personajes malvados que se ven realmente malos con el fin de que cuando veas que son derrotados, aprendas la naturaleza de Dios, todo esto es el contexto para contar buenas historias y nos da la habilidad para ver la verdadera redención.

Peor aún, nuestra joven iglesia pondría lo que se llamaría una "marca de revisado" o una "X" a los diferentes caracteres o comportamientos de las personas; una vez, uno de ellos le puso una "marca de revisado" a mi carácter (a los diecisiete años) y le advirtió al pastor que tuviera cuidado por algo que ellos habían visto como potencialmente peligroso de mi carácter, esto era muy destructivo para la relación, ya que ofrecía problemas en lugar de soluciones a través de la fe, destruyó la esperanza que el pastor tenía en mí y lo puso en modo de advertencia en vez de darle las ganas de ver lo que Dios hacía en mí y ayudar a mantenerme dentro de Su gracia. Tardó más de un año en confiar en mí, pero su falta de confianza no se basó en mi comportamiento, se basó en una mala palabra teológica, años después se disculpó conmigo por esa falta de fe en mi corazón que no tenía fundamentos.

El discernimiento sin entrar en el corazón del Padre puede realmente actuar como la peor brujería que un cristiano pudiera enfrentar, definitivamente es mucho peor que ver a una bruja en una película...cualquier discernimiento fuera de esta relación puede provocar que la gente se vuelva política, manipuladora y conflictiva. No somos llamados para discernir el mal como meta, somos llamados para discernir el corazón de Dios, eso significa que a veces veremos el mal para que podamos ver qué es lo que Dios quiere hacer al respecto, sin embargo, si eliminas el segundo paso (escuchar una revelación), puedes volverte tan malo como aquello que estás tratando de discernir sin siquiera saberlo.

Con frecuencia digo a las personas que son excepcionalmente exigentes que ayunen de la negatividad por un tiempo, en otras palabras, que ignoren su discernimiento por seis meses, porque su negatividad está provocando que su enfoque sea erróneo y su discernimiento se ha vuelto crítico en lugar de fortalecedor. Sólo concéntrate en lo que Dios está haciendo en cada situación e ignora al enemigo o a la humanidad hasta que puedas permanecer en una actitud de victoria con respecto a quien es Dios, esto asusta a las personas que confían en el discernimiento y no en la relación, sienten que si no usan el discernimiento, estarán en peligro ante el mundo que los rodea, el discernimiento nunca estuvo destinado a ser tu objetivo principal, pero la relación sí.

CAPÍTULO 7

LA MANERA EN LA QUE DIOS SE COMUNICA

EL JOVEN ESPOSO Y SU ESPOSA

Recientemente, en una sesión, pregunté: *"¿Hay aquí alguna Mary que tenga un hijo llamado Jonathan o John?"*, un joven levantó su mano y dijo: *"Me llamo John y mi mamá se llama Mary"*, me emocioné porque era una palabra de conocimiento tan específica y tenía más, pero cuando lo miré, tuve una visión, detrás de él vi el cielo abrirse y ahí estaba una mujer hermosa, llena de vida y fuego sosteniendo la mano de Jesús, la mujer que vi, era su esposa, en ese momento supe que ella había dejado esta tierra no hace mucho tiempo atrás. Comencé a llorar pues yo llevaba casado apenas algunos años en ese momento y sólo el saber que había perdido a su esposa fue devastador para mi corta y nueva experiencia en el matrimonio, me dolía mucho pero al mismo tiempo veía esta hermosa imagen revelarse ante mí.

Jesús le dijo a Jonathan: *"¿Recuerdas lo que Rachel te dijo en noviembre?, fue una profecía, su corazón es para que tu tengas una vida plena y está muy agradecida de que tú y Mary la hayan cuidado mientras moría de cáncer."* Le di este mensaje a John, y se estremeció profundamente.

Después me contó, que en noviembre, su esposa le había dicho que pensaba que no iba a sobrevivir, le dijo todas las cosas que quería que él hiciera para ser feliz sin ella, le dijo que su vida volvería a empezar muy rápido después de que ella falleciera y que no se sintiera avergonzado de seguir adelante; fue una plática muy importante, pero él seguía sintiéndose culpable por seguir adelante tan rápido sin ella, un nuevo trabajo y algunos otros acontecimientos nuevos (en cuanto a una relación) habían ocurrido de manera rápida, tal como ella lo había predicho y él quería honrar la bondad de esas cosas, pero tenía miedo de deshonrarla a ella, este mensaje le brindó la resolución que necesitaba, para mí, demostraba cuán completo es el amor de Dios y su deseo de que cada uno de nosotros seamos felices. Nunca había tenido una experiencia en donde alguien de la nube de testigos haya podido hablar con Jesús; y, que Jesús pudiera hablar a través de mí de manera tan clara, a alguien a quien ella había dejado en esta tierra, fue hermoso, pero cambio mi paradigma.

MALAS Y BUENAS NOTICIAS

Todas las personas que hay en mi vida, incluyendo a mi familia y amigos cercanos, me preguntan siempre cómo escucho a Dios, eso me encanta, porque escuchar las experiencias del otro puede inspirar la comprensión del misterio de la voz de Dios; tengo malas noticias que realmente son buenas noticias, y probablemente ya lo sabes:

La profecía tiene que ver con la relación.

Ninguna relación es igual a otra y nadie puede enseñarte exactamente cómo relacionarte íntimamente con Dios justo de la manera que deseas, pero la capacidad para relacionarse se puede desarrollar, Él te ha prometido su Espíritu Santo para guiarte en este viaje. Yo aprendo sobre Dios por la manera en que se comunica, incluso a través de mi propio don de la profecía, a veces lo que me dice va más allá de mi teología o mi comprensión de la sicología. A veces lo que escucho es tan inusual que al escuchar Su mensaje para alguien más, crezco en mis propias decisiones de amar y relacionarme con su corazón.

ENSEÑANDOTE UNA COMUNICACIÓN CREATIVA

Me fascinan las formas tan variadas en que Dios se comunica, primero se revelo a sí mismo en la Biblia como creador y es taaaaan creativo en cómo se relaciona con la humanidad, podemos entender lo que siente en Su corazón a través de estas comunicaciones. Dios es Padre primero y Rey después, no un rey que es un padre (lo que quiere decir que el rol de padre viene primero), como sus hijos e hijas, Él está más interesado en comunicarse para que hagamos cosas junto con Él más que para Él.

Sería mucho más fácil si Dios nos hablara con palabras claras y directas que pudiéramos obedecer, pero la humanidad ha probado una y otra vez que nos rebelaríamos bajo cualquier autoridad que no estuviera determinada por un aspecto relacional, fue por eso que Dios envío a su Hijo para restaurar la relación con Él, su meta al hablar contigo no es sólo ser directivo, correctivo o incluso directo, Él quiere revelarte su naturaleza y reconectar tu cerebro con la manera de pensar y de vivir del reino, quiere que tu corazón esté pleno y completo y ayudarte a tomar las mejores decisiones que puedas, no a tomarlas por ti; es por eso que Jesús hablaba con parábolas, ya que buscaba cambiar la perspectiva de todos los que le rodeaban para ver la cultura del cielo en vez de la tierra, quería realinear las actitudes de sus corazones y su capacidad para relacionarse con aquellas del cielo. Uno de mis pasajes favoritos de Juan es cuando los discípulos habían estado escuchando a Jesús durante un rato y de repente dijeron: *"Ahora sí estás hablando directamente, sin vueltas ni rodeos —le dijeron sus discípulos—. Ya podemos ver que sabes todas las cosas, y que ni siquiera necesitas que nadie te haga preguntas. Por esto creemos que saliste de Dios."* (Juan 16:29-

30 NVI). Cuando dijeron esto, pensaron que Jesús había cambiado la manera en que hablaba, pero la realidad era que ellos habían aprendido la cultura de su corazón y podían entender sus palabras desde su perspectiva... después de un poco más de tres años de pasar tiempo con Él.

Tenemos un Dios que no quiere ser escuchado como si fuera un jefe o un líder, Él quiere que lo conozcamos por su corazón, su personalidad y su Espíritu. Creó a la humanidad por compañía y muchas de las maneras en las que habla es a través de parábolas, lo cual es intencional de su parte, de manera que tengamos que buscar en su corazón para conocer su mente, muchas de las parábolas que Dios nos da son señales, imágenes e impresiones, estas son tan extrañas para nosotros como lo son las lenguas hasta que las entendemos, lo que significa que son para nuestro beneficio espiritual. El mundo que nos rodea puede no obtener nada de ellas hasta que nosotros crezcamos en lo que Dios está tratando de decirnos y lo compartamos.

HABLAR COMO PADRE ES DIFERENTE A HABLAR COMO COMANDANTE

Crecí en una familia relativamente sana con una mamá y un papá maravillosos (¡gracias Larry y Stacia!). Conforme crecía, mi papá y mi mamá soñaban conmigo sobre que quería ser cuando fuera grande, pasamos por todas las fases normales por las que atraviesa un niño: astronauta, bombero, soldado y algunas profesiones poco convencionales para nuestra familia: artista, actor, músico, etc., mis padres no tenían una respuesta para mí, pero querían educarme para que pudiera encontrar mi propio sueño y tomar decisiones fuertes por mí mismo, que padres tan terribles hubieran sido si no me hubieran ayudado a desarrollar mi identidad y hubieran elegido mi carrera, mi escuela, a mi esposa y la ciudad en la que viviría; me hubiera sentido como si la vida fuera planeada y realmente no la estaría viviendo, pero mis padres me ayudaron a soñar, formaron mi carácter hasta el punto que cuando empecé a tomar mis propias decisiones siendo joven, ellos disfrutaron de ese orgullo parental sano de que las cosas habían salido bien; estuvieron ahí para mí cuando incluso cometí algunos errores que podía haber evitado y que fueron parte de mi autodescubrimiento, en ambos procesos, sentí que los dos disfrutaban conmigo, ellos hacían las preguntas difíciles para que yo mismo pudiera encontrar una identidad, en vez de controlar ese proceso.

Hubieran odiado haber tenido que tomar todas las decisiones o que yo hubiera dependido de ellos para que me dijeran qué color de camisa ponerme cada mañana, cuando me criaron para ser un pensador libre, fuerte y enérgico; les habría dolido que les hubiera dicho: "quiero ser simplemente promedio" o "voy a vivir de los beneficios del gobierno porque no puedo decidir. Dejaré que el gobierno pague mi camino por una vida inútil".

Parte de la alegría del Padre está en desarrollarte y después observarte ser fuerte y tomar decisiones reales e importantes, Él disfruta ver lo que su naturaleza provoca en ti y lo que tú creas con ella, bajo ningún concepto creó clones, esclavos o sirvientes, Él siempre ha querido socios que sean pensadores libres y enérgicos, nos perdemos pidiendo dones de sanación para curar enfermedades como el cáncer, lo cual es noble, pero cuando entendamos nuestra plena identidad, motivaremos a los hijos e hijas que quieran ser científicos y los fortaleceremos con un corazón creativo y con una fe que confía en que ellos pueden curar el cáncer.

Algunas personas quieren que Dios les hable acerca de todo porque no tienen identidad, no creen en su capacidad para tomar buenas decisiones ni en su fortaleza para ser verdaderamente libres, no pueden tomar una decisión de vida sin decir: *Dios me dijo*; con respecto a los métodos de mis padres, ellos se hubieran visto realmente mal y yo bastante inmaduro si hubiera dependido de ellos para que dirigieran mi vida como adulto, en realidad esto manda un mensaje contradictorio al mundo: Dios me ama pero no confía en mí para tomar buenas decisiones, así que controla todo lo que hago.

"Los dones son gratuitos, pero la madurez es cara." BILL JOHNSON

Debido a que Dios desea que tengamos una identidad fuerte, nos habla a través de su naturaleza más de lo que lo hace a través de palabras directas, de esta forma, mientras más maduramos, más dependemos de la naturaleza de Dios que se encuentra dentro de nosotros, necesitamos menos comunicación directa, empezamos a asociarnos con Dios en vez de sólo esperar que Él se comunique con nosotros como si todavía fuéramos niños ya no necesitamos que nos digan lo que está bien y lo que está mal porque tenemos la profunda consciencia de quién quiere que seamos, tanto por nuestros dones como por nuestros talentos, además de por nuestro estilo de liderazgo, nuestro estilo para relacionarnos, etc. Tenemos Su Palabra, en la cual meditamos hasta que se conviertе parte de nuestra naturaleza, protegemos el valor de estas cosas tomando cada vez mejores decisiones y cuando fracasamos, nos apoyamos en Él, no para que Él arregle las cosas, sino para que nosotros le permitamos guiarnos a través de ellas y hacia un "conocimiento" profundo de su corazón y del nuestro. Dios arregla todas las cosas por el bien de aquellos que creen en Él, ayudando a nuestro corazón, carácter y naturaleza a alinearse con la suya a lo largo del camino.

Me encanta el movimiento actual de coaching de vida, porque la paternidad debería sentirse como la capacidad de desarrollar habilidades de vida y fortalecer las elecciones del corazón, no sólo crear fronteras, mientras más confianza desarrollamos para vivir de la naturaleza de Dios, pediremos menos palabras directivas, no las buscaremos más cuando tengamos que tomar decisiones, siempre incluiremos a Dios, pero entenderemos que a Él le alegra el permitirnos tomar decisiones fuertes, también estaremos abiertos cuando Él intervenga, porque sabemos que es un buen Padre, si nos pide cambiar de ubicación geográfica, sabremos que es porque tendrá planeado algo maravilloso para nosotros en otro lugar; será un lugar en donde podamos crecer más en su naturaleza y ser una bendición para quienes nos rodean.

Por último, piensa en eso de esta manera: Si tu hija de 24 años de edad viniera a verte y te dijera: *"Escoge a mi esposo, yo le tengo miedo a mis propias elecciones",* te sentirías terrible como padre, cuando ella esté a mediados de sus veinte, tú no querrás tomar decisiones por ella, tratarás de reafirmar su confianza, su identidad, su capacidad, su liderazgo, su belleza, ya no la diriges, más bien caminas junto a ella, si ella te preguntara eso, realmente te lastimaría. Parte de ti entendería que pedirte esto sería el resultado directo de que algo salió mal durante su crianza, sería obvio que no estaba pensando bien y no es un pensamiento correcto para los cristianos.

Sin embargo, si ella hiciera una gran elección, eso sería como tu recompensa como padre, tu gloria es la bondad de tus hijos en acción. La Gloria de Dios es nuestra manifestación de su corazón y de su carácter a través de nuestras vidas y decisiones.

ENTENDIENDO SU NATURALEZA A TRAVÉS DE UN EXCESO DE SIGNOS

Durante años, Dios me persiguió con el número 11:11, cada vez que veía un reloj, parecía que eran las 11:11, me daban un recibo al comprar cafés por $11.11, o el impuesto por una comida era de $11.11., me hospedaban en habitaciones de hotel con el número 111 o 1111 todo el tiempo. Después el número 22 también comenzó a aparecerse, ambos números aparecían incluso en profecías que me daban otras personas y sentía que todas eran señales de una enorme broma que entendería algún día, se volvió tan ridículo que por más de catorce años, ambas cifras aparecían. Tenía muchas revelaciones sobre ellas y sobre las Escrituras con las que se relacionaban, pero mi comprensión en cuanto a su significado seguía sintiéndose incompleta.

Cuando me estaba mudando a Los Ángeles, me encontré enfrentando muchas dificultades, dos de mis amigos profetas habían decidido que Los Ángeles dejaría pronto de existir, que un terremoto destruiría la ciudad, y que yo corría peligro si me mudaba ahí (esto fue por el 2006-2007), muchos colaboradores dejaron de apoyarnos diciendo: *Si estuvieras en cualquier otro lado podríamos apoyarte, pero LA está maldito*", una gran cantidad de cosas malas ocurrieron, pero seguimos adelante, porque yo había escuchado de parte de Dios que me mudara a Los Ángeles desde que tenía dieciséis años, ahora, veinte años después, ya era el momento.

Después de estar en LA por un año, estaba enamorado de esta ciudad, sabía que estaba justo donde necesitaba estar. Durante este tiempo vimos 11:11 y 22:22, o variaciones de ellos, todo el tiempo; era tan evidente que se empezaron a aparecer aceleradamente, se convirtió en algo que nos atormentaba (más de lo que Linda Blair fue atormentada durante El Exorcista, pero por el lado positivo), durante ese tiempo, también tuvimos la mayor cantidad de críticas que alguna vez habíamos tenido por parte de buenos amigos que estaban fuera de LA, ellos se encontraban en iglesias alrededor del país, y querían ver que una transformación llegara a Los Ángeles (para tu información, teníamos más apoyo que críticas).

Así que durante este periodo, un pastor Metodista vino a verme desde el centro de LA, dijo que Dios le había pedido que me llevara al centro y me mostrara algo; Él no entendía por qué, pero estaba tratando de obedecer, me llevo a uno de los lugares a los que él iba a orar en la Calle Olvera en el pequeño México (donde hay una pequeña plaza con la iglesia más antigua de Los Ángeles. Aún sigue estando abierta y se siguen reuniendo ahí y en ese entonces él era parte del personal).

"Hay una placa aquí sobre las familias que fundaron la ciudad. Fue colocada para conmemorar algo especial, y tienes que verlo. Por cierto, este es exactamente el centro de la ciudad, de acuerdo al Condado de Los Ángeles, aquí es donde realmente empezó nuestra ciudad."

Fuimos al lugar donde estaba la placa y mire hacia abajo, mis pies se encontraban a unas cuantas pulgadas de esta y comencé a llorar; el 11:11 y el 22 se unieron, no sólo en las Escrituras, sino en lo más profundo de mí. Estaba hecho. Finalmente sabía la razón por la que se me aparecían la placa decía: la Ciudad de Los Ángeles fue fundada por 11 hombres, 11 mujeres y 22 niños, le tomó a Dios veintiún años mostrarme, a través de una parábola, que deseaba crear una cultura familiar en LA que llevaría al resto del mundo, incluso, en la forma en la que la ciudad fue fundada, había una parábola de su cultura de resurgimiento. El resurgimiento se ve en la familia primero y aquí estaba yo, recibiendo este mensaje después de todos esos años de ser perseguido por esos números.

Dios no quería simplemente decirme: *"El resurgimiento se ve en la familia; ve a LA y crea uno".* Él quería que mi naturaleza cambiara, que la cultura de mi corazón se desarrollara, que mi amor madurara, usó esta revelación para intrigarme y lo mantuvo de manera misteriosa para que con cada nivel de comprensión, parte de mi cambiara, también quería hacerme consciente de su presencia y de su corazón cada vez que yo veía esas cifras, Dios quería que yo estuviera consciente que mi amor por Los Ángeles era espiritual, no sentimental, quería sembrar en mi un profundo sentido de conexión con la ciudad a la cual me estaba llamando.

"Dios obtiene su gloria ocultando cosas; los reyes obtienen gloria al invertir en cosas" (Proverbios 25:2 CJB).

La revelación no es nunca un camino recto, es el viaje de Dorothy en el "Mago de Oz", es la historia de Lucy en "El León, la Bruja y el Ropero", es una serie de eventos que forman Su historia en ti, que cambia tu ADN y que te alinea con el Suyo, si tú comprendes esto, serás un buen guardián de las formas en que Dios habla, llevarás registro, recordarás, interpretarás, serás paciente.

LA REVELACIÓN ES PROGRESIVA

"Dios tuvo que darme una revelación para entender la revelación, ¡y eso fue después de que yo ya había tenido una revelación!" JERAME NELSON

Dios nunca habla sólo una vez, de hecho, pregúntale a cualquiera que haya escuchado la voz del cielo, si querrían que nunca más volviera a hablar, ¡y obtendrás un rotundo no!, Dios es eterno; Él comienza las frases al principio de nuestras vidas y las termina años después, teje constantemente su mensaje profético a través de las circunstancias y a través de nuestra historia, se pueden interpretar tantas cosas sobre la vida, tal como en el viaje judío profético que se encuentra al inicio del libro de Hechos.

Cuando comprendemos que la revelación no es sólo una dirección, ni un simple pensamiento sobre el ahora, sino que es Dios relacionándose con nosotros para que tengamos un mayor panorama de esta conexión, entonces hablaremos con Él y lo escucharemos de manera diferente, además, buscaremos escuchar su voz para crear más conexión con Él, no sólo para solucionar problemas actuales o para recibir lo que queremos o lo que necesitamos. Muchas de las oraciones son egocéntricas y pueden incluso ser egoístas, sólo tratan sobre lo que necesitamos ahorita, sin ningúna reflexión en cuanto a desarrollar nuestra relación con Dios, su corazón y su amor por nosotros. Él desea compartir con nosotros todos los días y no sólo cuando hay que arreglar algo, sino caminar a nuestro lado.

CAPÍTULO 8

LOS DONES DE LA REVELACIÓN

¡Me encantan los dones de revelación!, me encantan porque crean un contexto que entra en las personas de una manera más profunda, me encantan porque nos unen a personas con las que podríamos no hablar a un nivel más profundo, me encantan porque son transformadores, me encanta lo que han hecho en mi vida.

Cuando las personas utilizan el término "ministerio profético", es muy probable que se estén refiriendo al uso de los dones proféticos, el Espíritu de Dios es mencionado varias veces en la Biblia como el espíritu de la revelación, es el revelador de la relación con Dios, la voluntad de Dios y el propósito de Dios; cuando entendemos cada una de estas herramientas y cómo funcionan, podemos establecer objetivos más claros sobre cómo participar con ellas, cuando conoces la diferencia entre una palabra de conocimiento y una palabra de profecía, eso te ayuda a saber cómo dirigir la palabra, si necesitas darle seguimiento, si debes hacer una pregunta o hacer una declaración, etc., cuanta más educación haya, más claro se hará el don.

EL DON DE UNA PALABRA DE CONOCIMIENTO

Definición: Las palabras de conocimiento son una revelación sobre qué hacer con lo que hay dentro de nosotros o es una revelación para interpretar y darle una estrategia a nuestra perspectiva espiritual o incluso a otras palabras proféticas propias, recibir palabras de conocimiento es como tener un entrenador o un terapeuta explicándote qué es lo que está pasando en tu corazón, en tu viaje espiritual o de vida. La palabra de conocimiento es la revelación sobrenatural, a través del Espíritu Santo del propósito divino o consejo proveniente de la mente y de la voluntad de Dios.

Un día me llevaron a pasar un tiempo haciendo oración con un hombre que se estaba postulando para presidente en una nación Asiática, era cristiano y todos los creyentes de ese país parecían tener una opinión fuerte sobre él (algunos buena, otros mala), muchos de los ministros occidentales fueron invitados a orar con él antes de las elecciones; y, esto estaba poniendo nerviosos a muchos pastores y líderes; y, no digamos líderes comerciales y a los otros candidatos, cuando entramos a su oficina, él estaba muy cansado, podía decir que postularse para presidente era una de las cosas más difíciles que había tenido que hacer y eso que no tengo experiencia dentro de la política, así que no podía imaginarme qué era lo que necesitaba o cómo podía serle útil. Oramos durante algunos minutos y después supe que él no necesitaba de otra agradable motivación cristiana, necesitaba una sabia asesoría espiritual; comencé a orar y a hablar con él, mientras estábamos sentados, compartí con él mi discernimiento en relación a sus palabras y perspectivas espirituales pasadas y le compartí una perspectiva espiritual sobre su campaña, su presidencia, su corazón y su familia, era para darle la sabiduría sobre cómo aplicar su fe a las palabras y cómo todas las palabras están enlazadas, lo cual formaba un mapa para su fe, pareció sentirse muy fortalecido, para cuando me retire del lugar, nos sentíamos muy conectados.

Me llegó un correo al día siguiente de su jefe de personal dándome las gracias, me dijo que habían estado necesitando de un asesor para ayudarlos a examinar todas las diferentes perspectivas espirituales y políticas y sentían que ahora ya sabían cómo avanzar en base al tiempo que pasamos juntos. Toda la situación me pareció divertida porque sabía que yo no tenía la sabiduría para lograr eso, pero a través de mi relación con el Espíritu Santo, pude brindarle la sabiduría del cielo a este hombre quien terminó convirtiéndose en presidente.

Me encanta cuando el Espíritu Santo viene a ti cuando estás orando o hablando con un amigo y sientes como si fueras el mejor terapeuta, asesor financiero, coach de vida, etc., y luego se va y te das cuenta que era parte del Espíritu profético de Dios, no tu sabiduría. ¡Siempre me convierto en un asombroso asesor y orador cuando Dios se hace presente!

LA PROFECÍA—UN EJEMPLO DEL NUEVO TESTAMENTO

Agabo transmitió la más maravillosa palabra de sabiduría a través de un mensaje profético a la iglesia antigua (descrito en Hechos 11), esta no fue una palabra de enjuiciamiento, fue sobre un fenómeno meteorológico que iba a ocurrir y Dios quería conceder la gracia a su pueblo a través de darles una dirección clara. Los discípulos interpretaron a través de su mensaje, que la palabra de sabiduría en cuanto a qué hacer era almacenar y enviar comida a los hermanos en la región en donde había escases. ¡Qué asombroso! ¡Oh, qué pudiéramos escuchar a Dios de esta forma entre naciones!

Pedro recibió una palabra de sabiduría después de tener su visión sobre los alimentos impuros y el mensaje de que debía comerlos, el Espíritu le dijo a Pedro que fuera a Cesarea y se reuniera con Cornelio, fue una palabra muy clara que llevó a Pedro a apoyar el mensaje de Pablo en cuanto a que todos somos dignos del precio que Jesús pagó en la cruz, no sólo los judíos (ver Hechos 11).

EL DON DE LA PROFECÍA

Definición: La profecía es la habilidad para saber lo que se encuentra disponible o lo que hay en el corazón de Dios para el futuro, es conocer lo que Dios quiere hacer o la razón por la que está desarrollando a alguien o a algo, la profecía hace que la gente tenga una idea de lo que se sentiría en el cielo, como si tuvieran hoy un poco de la esperanza que hay en la eternidad, pueden sentir que el resto de sus vidas son importantes y valiosas porque son seres eternos y Dios se preocupa por ellos, hasta en los niveles más constantes.

Antes de conocer a mi esposa, ella y otras dos amigas fueron a Phoenix/Arizona, a una conferencia, en la que yo sería orador, tuve la oportunidad de orar y profetizar en su nombre y en el de sus amigas, una de ellas, Lauren, tenía una pasión un tanto secreta por el maquillaje profesional, había maquillado a sus amigas para sus bodas y en ocasiones especiales, pero trabajaba como gerente en una empresa importante y tenía un gran trabajo.

Me dirigí a ella, sin saber que le encantaba el maquillaje y le dije: *"Eres creativa, y sólo serás verdaderamente feliz cuando sigas a tu corazón y permitas que te lleve a una carrera creativa. Hay un llamado para el maquillaje profesional en tu vida, con el fin de que puedas fortalecer a las personas. Realizarás maquillaje profesional en la industria del entretenimiento. Dios te va a dar una plataforma para entrar a sus corazones a través de tu arte".*

Lauren tuvo más que un momento de sorpresa. Tuvo un momento con Dios en el cual el deseo secreto de su corazón fue validado, este le dio el valor para ver más allá de su buen trabajo e ir por la maravillosa pero riesgosa carrera del maquillaje, que era su verdadera pasión, así pudo dejar su trabajo normal que le proporcionaba mucha seguridad y perseguir su sueño y ¿adivina qué?, es súper exitosa en eso y nos encanta escuchar sus aventuras. Necesitaba ser vista por el trabajo al que Dios la estaba llamando, no sólo por lo que estaba haciendo en esos momentos.

El don de la profecía puede definirse como la capacidad sobrenatural de hablar del pensamiento de Dios para el futuro a través de la inspiración del Espíritu Santo, la profecía puede incluir uno o todos los dones de revelación, habla a los hombres para edificarlos, animarlos y consolarlos (ver 1 Cor 14:3). La profecía también puede convencer (14:24), instruir (14:31), dirigir (Hechos 13:2), y predecir (Hechos 27:110).

En 1 Corintios 14:1, Pablo nos encomendó amar y después buscar con entusiasmo los dones espirituales, especialmente el de la profecía, la palabra "profecía" significa divino, hablar bajo la inspiración del Espíritu Santo, predecir el futuro, esta es una proclamación tan poderosa, ¿Por qué les dijo Pablo a los Corintios que persiguieran este don con completa pasión? porque conecta a las personas con dos cosas:

1.   Conecta a las personas con el corazón de Dios para tenerlo en sus preciosas vidas en la tierra. Jesús dijo que venía a darnos vida y vida en abundancia, la profecía conecta a un mundo que sufre con el hecho de que vendrá un día mejor, le da una forma nueva a su esperanza para creer que Dios tiene más grandes y mejores planes y que trabaja en todos los aspectos de nuestro futuro para aquellos que lo aman.

2.   Ayuda a conectar a la humanidad con la eternidad. La profecía le ayuda a las personas a creer no sólo en lo que dice Dios durante sus vidas, sino para toda la eternidad, se alinean con la verdad de que son eternos y de que quieren vivir por siempre, cuando te llegan cosas buenas que Dios ha preparado para ti en la tierra, te sientes motivado de manera divina para lo que Él ha preparado para ti en el cielo. La profecía fomenta la percepción divina porque te hace consciente del Dios que vive ahí, Aquel con el que pasarás toda la eternidad.

EL DON DE LAS PALABRAS DE CONOCIMIENTO

Definición: Se refiere a la revelación sobrenatural a través del Espíritu Santo sobre la vida de una persona. La información no es únicamente discernida, sino que incluye hechos específicos que acercarán el corazón de la persona al pensamiento de Dios. Las palabras de conocimiento ayudan a que las personas sientan que Dios las conoce de modo que creerán en la verdad de manera más profunda. Una palabra de conocimiento por lo general llega después de una profecía, sanación, o milagro con el fin de traer fe para que sea difundida.

Me encontraba en Redding, California, en la Conferencia de Líderes de la Iglesia de Bethel que se lleva a cabo dos veces al año, el pastor Bill Johnson me había pedido ir y ministrar de manera profética, no era la primera vez que hacía esto en una conferencia de líderes, pero estaba nervioso porque tenía información y estaba esperando que la presencia de Dios conectara su corazón con mis palabras.

Antes de la reunión, hice una pequeña lista de palabras de conocimiento con nombres, fechas, y detalles en mi teléfono, no eran nada más que un montón de hechos en la pantalla, pero la había traído orando, con la esperanza de que se conectarán con las personas que se encontraban ahí. Estaba súper nervioso, porque las palabras de conocimiento con ese nivel de fe eran nuevas para mí y todo el lugar sabría inmediatamente si eran palabras acertadas, te puedes esconder detrás de parábolas y no necesariamente crecer en exactitud de manera rápida, pero una palabra de conocimiento es instantánea.

Hablé por el micrófono nerviosamente, sabiendo que casi todos en el lugar eran altos líderes que venían a tener más experiencia con Dios a través de Bethel y no más de mi ministerio de profecía. Yo era un accesorio desconocido y la mayoría de las personas esperaban únicamente al pastor Bill, así que si no salían bien las cosas, sería más una interrupción que una bendición adicional. Yo estaba consciente de eso y me aferraba a Dios, tomando la oportunidad seriamente pero tratando de no estar en modo de intervención. Los pastores Bill y Beni Johnson y el equipo fueron tan reconfortantes conmigo que me sentía emocionado por tan sólo intentarlo.

"¿Esto le suena conocido a alguien? (dirección inventada) 320 Sycamore Lane?", miré alrededor de la habitación y hubo una pausa, entonces una potente voz dijo:

"Esa es la dirección de mi casa, la cual no aparece en los directorios. . . ."* Era el Obispo Joseph Garlington de la Iglesia Covenant de Pittsburg. Yo no tenía ninguna relación con él pero sí sabía quién era, me sentía impresionado por saber su dirección, pero había más. *"¿Estos números tienen algún sentido para ti?"* y empecé a mencionar un código de área y los primeros cuatro dígitos de un número de teléfono cuando dijo: *"¡Detente!, ¡Ese es el número de mi casa!"* (jajaja).

Ahora bien, el Obispo Garlington, quien ha recibido muchas palabras proféticas que han ayudado a dar forma a lo que hace y fortalecido su don de profecía, estaba completamente abierto a un nivel básico para escuchar lo que Dios diría a través de mí, un extraño. Él sabía que Dios me estaba revelando algo después de recibir su dirección y número de teléfono que no estaban registrados y eso abrió su expectativa. La hermosa palabra que siguió no habría tenido el mismo impacto si no hubiera empezado con palabras de conocimiento – palabras que lo hicieron sentir elegido por el Espíritu y lo llevó a un nuevo nivel de fe.

UNO DE LOS ASPECTOS MENOS UTILIZADOS Y MÁS IMPORTANTES DEL MINISTERIO DE LA PROFECÍA

Las palabras de conocimiento han sido un arte perdido en el campo de la profecía, difícilmente se centran en éstas excepto durante el ministerio de sanación, por alguna razón, la gente, desde hace tiempo, no va en busca de palabras de conocimiento con una meta para lo profético, pero las palabras pueden abrir un corazón más rápido que un sacacorchos.

Cuando las personas escuchan que Dios conoce detalles precisos sobre sus vidas, ya sea hechos históricos o actuales, sienten que Dios los conoce y se preocupa por ellos; no te puedo decir cuántas personas se han sentido considerable e inmediatamente conmovidos por el amor de Dios a través de las palabras de conocimiento que les he dado, tanto los más ricos del mundo como los más pobres, este impacto de amor debería de ser una prioridad al ir en búsqueda de los dones proféticos. Las palabras de conocimiento contienen la revelación sobrenatural (por parte del Espíritu Santo) de hechos específicos que ayudarán a acercar el corazón de alguien al pensamiento de Dios. Una de mis historias favoritas más recientes en cuanto a dar palabras de conocimiento:

Un hombre vino a una reunión que yo hice en un pueblo petrolero de Canadá, vino porque estaba preocupado de que su mamá se viera afectada por nuestra conferencia, había regresado a su casa tan inspirada por las reuniones que las estaba anunciando a los miembros de su familia e intentando que fueran. Él estaba en sus treintas y estaba preocupado de que nuestras reuniones estuvieran enfocadas en finanzas o en un fenómeno de sectas, conforme me veía profesar, pensó que yo seguramente contaba con un buen detective en mi equipo, entonces lo señalé y pregunté:

"¿Te llamas Bob (los nombres han sido cambiados)?"

"*Si*", *respondió.*

"*¿Tu esposa se llama Camille?*"

Contestó nuevamente que sí. Entonces mencione todos los nombres de sus hijos y sus direcciones, él me miraba todo el tiempo como si esto fuera completamente normal, se sentía estoico porque pensaba que de alguna manera yo lo había buscado en internet o que un miembro de mi equipo me estaba dando la información.

Le di una potente palabra profética, pero él seguía tan frío como el hielo, entonces escuche la voz del Espíritu Santo decir: no te cree, así que pregúntale una cosa más, pregúntale si tiene un perro que se llama Bandit, así lo hice y este enorme hombre empezó a llorar.

Yo no tenía idea de por qué este hombre, este mecánico de la industria petrolera, estaba ahora llorando; verás, él no creyó nada de lo que dije y que podía haber sido investigado, pero su familia había perdido a un perro y acababa de adoptar a un perro para reemplazarlo el día anterior y nadie, en ningún lado (incluyendo a su mamá o al resto de su familia extensa) sabían lo que había hecho, este era un punto débil para él, así que cuando mencioné el nombre del perro, él supo que todo lo demás que yo había dicho había sido real y que no lo había investigado, se encontró con el amor del Padre a través de este mensaje.

LA VOZ DE DIOS TIENE MUCHAS FACETAS

Te invito a leer otros libros proféticos (de profetas como Graham Cooke, James Goll, Kris Valotton y otros) que enseñan un proceso paso a paso sobre cómo desarrollar áreas específicas de la profecía. Hay más formas en las que Dios nos habla: sueños, proverbios, parábolas, visiones, impresiones, etc., te invito a que sigas instruyéndote para que todos ellos se conviertan en herramientas en tu cinturón, no en temas aterradores que no puedas tocar o manejar por no comprenderlos.

CAPÍTULO 9

EL PODER DE LA PROFECÍA ES PODER EN LAS RELACIONES

Sentí un calor en mi oreja cuando me paré en el escenario, estaba temblando por dentro, como si no hubiera comido o hubiera tomado mucho café, podía sentir como si el gas de un refresco burbujeara en mi piel, en el lado izquierdo de mi cuerpo, también sentía una euforia emocional como si estuviera siendo proyectada hacia mí. ¡Qué sensaciones tan raras!

"Al que acaba de dirigir las alabanzas. Acabo de escuchar una canción de la cantante Tiffany: "Creo que ahora estamos solos." ¿Tu esposa se llama Tiffany?" Pregunté nerviosamente, lleno de anticipación. No sabía hacia dónde se dirigía esto.

"Sí," respondió él, y levantó la mano de Tiffany, quien estaba al lado suyo. *"¿Tiene Clay Aiken algo que ver con ustedes?"* pregunté, conforme en mi corazón y en mi cabeza veía un flashazo de la cara del cantante americano.

"Sí, ese es nuestro apellido, Aiken", respondió él.

Les di algunas palabras más que los motivaron, pero entonces vi dos nombres y vi Missouri. *"¿Hay alguien que se llame Chris y alguien llamado Laura?, ¿En Missouri?*", pregunté (los nombres han sido cambiados). Eran sus primos.

Entonces fui más allá de una palabra de conocimiento y del ministerio de profecía, observé detrás de ellos y vi algo mucho más real, de alguna forma podía ver el paraíso y un niño pequeño corría con Jesús, sosteniendo su mano, instantáneamente supe muchísima información sobre el niño, como si la estuvieran descargando en mí como en una computadora, pero junto con un amor abundante y una conexión con el niño pequeño y su familia.

Dije en voz alta: "*¡Veo a un pequeño corriendo en el paraíso!, Él no podía correr en la tierra, pero ahora corre en el cielo. ¡Está corriendo, de la mano de Jesús, y orando por el destino de la familia!*"

Los primos del señor Aiken, acababan de perder a su hijo pequeño debido al Parkinson unas semanas antes, su papá era corredor y le encantaba tanto correr que de hecho le había puesto el nombre de Runner (corredor en inglés) a su hijo, así que cuando utilicé esta frase que ni siquiera tenía la intención de usar, Dios lo estaba haciendo premeditadamente.

La familia necesitaba un cierre divino que únicamente Dios les podía dar, había sido una experiencia tan dolorosa perderlo cuando él era tan feliz, había peleado tan duro y les había enseñado tanto; podía sentir esa misma sensación de la presencia de Dios, pero no era sólo energía que me rodeaba, era Él –un regalo de Dios– parado junto a nosotros, estaba ahí, me estaba dando Su corazón, era el poder a través del cual yo hablaba y el poder que estaba sanando a esta familia.

Tantas cosas pasaron durante ese rato de ministración, no era sólo aliento; la unción del Espíritu Santo estuvo ahí y la unción no era "algo", era el Padre manifestándose como si estuviera ahí, en persona, a través de mí, podía sentir lo que Jesús debió haber sentido, posiblemente de una manera más grande, conforme compartía el corazón del Padre con esta familia, puso su palabra viva en mí y desafió la incredulidad de todos nosotros.

LA UNCIÓN ES UNA RELACIÓN CON DIOS, NO SÓLO UNA CONEXIÓN CON SU PODER

"Su presencia no está en nosotros para ser comandada o dirigida por nosotros. En vez de eso, somos herramientas en Su mano. Si hay una paloma descansando en mi hombro (y me encanta esa frase "y permaneció") y no quiero que vuele y se aleje, ¿cómo voy a caminar alrededor de esta habitación? Cada paso que dé, será pensando en la paloma. Cada movimiento que haga será para conservar lo que más valoro."
BILL JOHNSON, MANIFIESTO PARA UNA VIDA CRISTIANA NORMAL

Dios anhela darnos el poder de su naturaleza, nos prometió su unción, esta no es sólo una energía eléctrica y metafísica que vendrá a nosotros, es una persona, el Espíritu Santo quien habita en nosotros y nos habla desde un origen, nuestro Padre en los cielos.

En los tiempos modernos, el poder de Dios representado por la iglesia, por lo general, no ha sido expuesto en un contexto relacional, a diferencia de la comprensión hebrea original del mismo. La mentalidad hebrea no se parece en nada a la mentalidad occidental o a la mentalidad griega de la cual proviene mucha de nuestra filosofía (por lo menos en la iglesia occidental). La mentalidad hebrea establece que el poder de Dios está en su propia naturaleza manifestada a través de su presencia o conexión con nosotros. No es un cable de electricidad actual o espiritual, es su naturaleza amorosa y la manifestación de Su persona.

Incluso en el Nuevo Testamento, esta mentalidad diferente se puede observar en la descripción de Pablo sobre la unción de Dios, la sentía de manera tan fuerte que lo afectaba física y emocionalmente. Observamos esto cuando dice que es como una mujer con dolor de parto hasta que Cristo sea formado en ellos (ver Gálatas 4:19), no se trata sólo de una imagen de ser golpeado por energía o de una experiencia extática; es una imagen completa, hermosa y relacional. Pablo amaba a los Gálatas tanto como una mujer que tiene contracciones y que está a punto de dar a luz a su bebé, el amor de Dios se desborda a través del deseo de Pablo de ver la naturaleza de Dios formada en su pueblo. Esta naturaleza relacional no puede separarse de "la unción" o del "poder de Dios" o del "don", ha habido un mayor énfasis en la reforma del carácter que en la unción o en el poder, pero las personas no sólo infringen la naturaleza cuando pecan, infringen la relación. La unción es la capacidad de una persona para conectarse a la naturaleza de Dios a través de una relación muy real y tangible (esto puede traer manifestaciones espirituales, pero las manifestaciones no son el objetivo de estas experiencias), necesitamos amar esta conexión más que nada, porque cuando te preocupas por mantener esta conexión con el Espíritu Santo, rechazas cualquier cosa que la infringe, debemos enfocarnos más en nuestra relación con el corazón de Dios que en nuestra naturaleza, porque el origen de la transformación del carácter está en Su amor.

> *"El Espíritu Santo no es un ESO, sino un ÉL. Es una persona y ÉL quiere que lo conozcas y cuando lo hagas, conocerás a Dios".* JILL AUSTIN

Juan dice que tenemos una unción que nos enseña y nos lleva a una intimidad con Cristo (ver 1 Juan 2:20-27), no necesitamos que nadie más nos enseñe este amor, tal como una mujer no necesita que le enseñen cómo amar a su bebé, podremos necesitar ayuda para desarrollar las habilidades que se requieren para administrar ese amor y necesitamos una comunidad para expresar y profundizar en este amor, pero se convierte en una segunda naturaleza crecer en este amor cuando tenemos una vida centrada en Dios.

Nuestra capacidad para manifestar el fruto espiritual dentro de la profecía depende de nuestra unión con el Espíritu Santo, no de nuestros dones o habilidades. Los dones reales que conforman el reino vienen del amor profundo, habrá una gran distinción en los próximos días entre los dones inspirados (dones que provienen de esta intimidad permanente o en reposo con el Espíritu Santo) y los dones o habilidades que operan únicamente por la gracia de cómo fuimos diseñados; es por eso que Pablo dijo que los dones de Dios y Su llamado eran irrevocables (ver Romanos 11:29), siempre contaremos con las herramientas que Dios diseñó para que las usáramos, pero el que estas herramientas estén conectadas con su poder y naturaleza o sólo con el poder de la humanidad depende de nosotros.

A veces incluso gente de la iglesia no ha encontrado una identidad en Dios y aun así pueden tener dones, esto ha sido muy confuso a lo largo de la historia. ¿Cómo puede un cantante escribir una canción tan maravillosa con la que mi fe se conecta tanto, pero luego ese mismo cantante se desconecta terriblemente de su relación con Dios o nos damos cuenta más tarde de que no tiene ninguna en absoluto?, ¿Acaso no era gloriosa su canción?, ¿No tenía una habilidad maravillosa?, ¿Las palabras no estaban llenas de belleza?, él fue hecho para cantar y Dios le ha dado a toda la humanidad acceso a su total y especialmente diseñado conjunto de herramientas eternas, pero no podemos ministrar estos dones llenos de la riqueza del cielo, de la vida y cumplir con ellos sin una relación con el Padre.

Mis padres me enseñaron que ser santo significa: **amar tu relación con Dios y protegerla a toda costa.** Vi como mi papá nos daba el ejemplo de pureza en cuanto a las mujeres porque protegía su relación y sexualidad con mi madre, no sólo decía "¡Seré puro!" como una proclamación para tratar de ser correcto y no malo, protegía a mi madre manteniéndose puro porque había invertido mucho en su matrimonio y en nuestra familia, ella valía esa protección; en el momento en que él rompa esa pureza, romperá la conexión que más valora, así que es mucho más fácil mantenerse en la pureza cuando hay una motivación relacional.

"Desarrollar una vida en la presencia de Dios por sobre todas las cosas es la única manera de cumplir con el destino que Dios nos ha dado. Cuando pasamos tiempo así, se nos darán claves de nuestro llamado." HEIDI BAKER

¿ELEGIRÁS EL BIEN, EL MAL O EL AMOR?

Adán y Eva eligieron el árbol, lo que en esencia fue elegir el conocimiento por encima de la relación, rompieron su conexión con Dios y violaron la pureza de su relación con el cielo al tomar una decisión diferente. Para tener una vida cristiana de manera exitosa, tenemos que decidir recibir pureza y unción a través de nuestra conexión relacional con Dios. Si amamos a Dios con todo nuestro corazón, mente y fuerza, entonces pasaremos nuestro tiempo permitiendo que su amor, Palabra y presencia desarrollen nuestro carácter con el fin de proteger y crecer en nuestra relación con Él, si no estamos motivados por el amor sino por la regla, podemos desarrollar nuestro carácter alrededor de un ministerio o de un don… durante mucho tiempo… pero nos arriesgamos a no poder mantenerlo con la misma pasión, seguir las reglas es una decisión intelectual que nuestros corazones pueden o no seguir, especialmente cuando la obediencia a menudo depende de las circunstancias.

Amar la unción es amar la intimidad que tenemos con Dios, la fuente de todo el poder para cambiar y ser eternos. Amar el carácter, los dones, el ministerio o nuestra actividad primero, eventualmente nos llevará a un lugar donde podemos infringir esta relación por querer desarrollar influencias o tener impacto; debemos hacer pequeños ajustes en nosotros mismos todos los días para seguir buscando a Dios y seguir poniéndolo en primer lugar, entonces Su poder fluirá a través de nosotros, porque su poder es relacional, antes que gobernante o educativo.

EL PODER PROFÉTICO EMPIEZA POR APRENDER CÓMO SER UN GRAN MOTIVADOR, PERO NO TERMINA AHÍ

Una actitud profética nace de las personas que buscan bendecir lo que Dios está haciendo en la tierra. Las personas que crecen más rápido dentro de la profecía son aquellas que ya se encuentran motivando a la gente que les rodea de manera natural.

Amo a mi esposa porque siempre está elogiando a las personas desde un lugar genuino de afecto, ya sea que le diga a la chica con el cabello afro que su cabello es lo más maravilloso que ha visto (ella secretamente desearía tener uno así) o a sus amigas que se ven radiantes, mi esposa es una bóveda constante de palabras de afirmación. Abre los corazones de la gente y se sienten contentos de estar a su alrededor porque se sienten valorados. Las palabras de aliento no me llegan de manera tan natural, no es una de mis fortalezas ni una de las maneras principales en las que recibo amor, así que he tenido que dedicarle tiempo a practicar y desarrollar esta habilidad. Sí, así es, Shawn Bolz no es un motivador nato... y a pesar de eso profetizo motivando cosas en más de una docena de personas a la semana, eso debería dar fe a algunos de ustedes (si les falta ese lenguaje de amor o desean que llegue de manera natural) vale tanto la pena el proceso de desarrollarlo, porque es una habilidad que no sólo todas las relaciones necesitan, sino que requieren.

Así es como empieza una actitud profética sana, nos acostumbramos a ser motivadores, donde se vuelve poderoso, sin embargo, no es al elogiar a la gente por sus dientes tan blancos. El poder de Dios se manifiesta cuando adoptamos la actitud de Pablo (que mencioné en un capítulo anterior). *"¿Sabes cómo me siento ahora, y cómo me sentiré hasta que la vida de Cristo se vuelva visible en nuestras vidas? Como una madre con Dolores de parto"* (Gálatas 4:19).

Algo comienza a inspirarte cuando ves al mundo que te rodea a través del corazón y del amor de Dios.

Pablo describe su visión de cómo serían los Colosenses si estuvieran completamente formados en Cristo, es una actitud que sólo puede nacer de hacer una comunión con el corazón de Dios para ver a las personas que te rodean. Empiezas a sentirte como si la brecha entre el corazón divino de Dios y de su pueblo comenzará a cerrarse, tu propia vida se convierte en un puente sobre esa brecha, tu fe y amor se extienden desde el propio deseo de Dios hasta tu área de influencia. ¡Me encanta con cuanta pasión describe esto Pablo!, estaba con dolores de parto, como una madre, orando y creyendo que esta revelación de Cristo sería totalmente formada en ellos. Si tú quieres el poder de la profecía, una parte de ti comenzará a adoptar y a amar al mundo que te rodea – que es la visión original del Padre.

Dios sabía lo que hacía desde el inicio y da forma a las vidas de aquellos que lo aman del mismo modo que dió forma a la vida de su Hijo. El Hijo es el primero en la línea de la humanidad que restableció de acuerdo a su forma e intención original y permanecemos a su lado completamente expiados, restaurados a nuestro diseño original, completamente vivos en el corazón y amor del Padre, después de que Dios tomó la decisión de cómo debían ser sus hijos, continúo por llamarlos por su nombre, después de que los llamó por su nombre, los colocó en una base sólida con respecto a Él y entonces, después de ayudarlos a establecerse, se quedó con ellos hasta el final, completando gloriosamente lo que había empezado (ver Romanos 8:29-30).

Pablo, conforme observaba a Jesús, entendió lo que era una humanidad restaurada, el deseo original e intencionado de Dios nunca había quedado demostrado hasta que Jesús apareció y presenciar a Jesús le ayudó a Pablo a ver cuál era el objetivo de toda la humanidad.

Cuando nos conformamos con una visión inferior, como una humanidad restablecida, no encontramos el poder de la profecía que estamos buscando porque le habremos puesto un límite a qué tanto puede crecer alguien en Dios.

COREA DEL SUR

Piensa en Corea del Sur: en tan sólo una generación ha pasado de ser un país en desarrollo hasta un país totalmente desarrollado, tiene industrias que compiten con los países más desarrollados del mundo. Históricamente, Corea ha sido una de las naciones más invadidas del mundo (por otras naciones), los coreanos no son un pueblo guerrero, pero son muy industriales, emprendedores y talentosos, a lo largo de la historia, sus enemigos han tratado de aprovecharse de su país, de su gente y de sus recursos.

Durante la época de la Guerra de Corea, un grupo de cristianos de Canadá oraba para saber cómo ayudar a Corea, vieron en sus corazones a una Corea del Sur desarrollada y le pidieron a Dios que les diera una estrategia para lograrlo, Dios les mostró que si juntaban a personas occidentales para financiar la educación de un niño, esa educación se convertiría en los cimientos para la futura grandeza del país; utilizaron esta palabra profética para crear una de las organizaciones humanitarias más grandes para niños en la historia: **Compassion International,**(cuántos lectores, me pregunto, han apoyado a un niño enviando dinero al proyecto de patrocinio infantil de Compassion International). La primera generación de niños de Compassion International que se graduaron de la universidad tenía gran habilidad para construir y ayudaron a establecer las bases del gobierno de Corea: la educación, uno de ellos fue incluso uno de los primeros jueces de la Corte Suprema, muchos se convirtieron en maestros inmediatamente, la religiónm muchos son pastores y líderes cristianos y la industria muchos iniciaron negocios. Fue un movimiento tan crucial que todavía es mencionado por muchos de los líderes de gobierno de Corea del Sur que he conocido. Corea del Sur comenzó su mayor desarrollo hacia lo que es hoy, porque Dios dio una visión de su futuro a los cristianos, organizaciones y a otros grupos, les dio la fe para ayudar a Corea a convertirse en lo que es el día de hoy.

El poder de la profecía llega cuando vemos el diseño original de Dios para los países, ciudades, pueblos, industrias, niños, etc. ¿Qué sería del Congo si estuviera totalmente desarrollado y quién tiene el valor de pedir a Dios que le muestre lo que quiere hacer en esa nación, una de las naciones más ricas en minerales del mundo?, así es como llega el poder de la profecía, no puedes escuchar el informe de guerra, el reporte popular, los periódicos de opinión, el informe religioso, tienes que escuchar el informe del corazón de Dios – SU plan y diseño original y SU plan de acción actual irá en contra de todo lo que hayas visto y escuchado; es fácil escuchar reportes sobre lo que no está ocurriendo en los países, pero puedes darle un giro y hablar de lo que puede pasar, incluso las Naciones Unidas cambiarán de manera dramática cuando ayudemos a encauzar estos reportes para que sean vistos a través de un lente divino. Queremos escuchar al corazón de Dios en lugar de a las masas críticas.

EL PODER RELACIONAL VIENE DE LA CONEXIÓN, NO DE LA CONVERSACIÓN

A menudo los cristianos son considerados como expertos en cualquier tema, incluso si no están educados o conectados con éste, sentimos la responsabilidad de realmente pastorear al mundo a tener una relación con Dios y nos arriesgamos a estar fuera de control más de lo que arriesgamos en el amor. Para tener poder verdadero en relación a los que nos rodean, tenemos que comprender la inteligencia emocional y practicar la auto-conciencia, cuanto más maduremos en el amor, más dependeremos de la oración y de nuestra conexión con las personas que de nuestras conversaciones con ellos.

Cuando mis padres cocinan, después de cincuenta años de matrimonio, apenas hablan. Han tenido tantas conversaciones, que ahora se relacionan través de una conversación "no comunicada", pueden cocinar toda una comida y transitar uno alrededor del otro sin ningún esfuerzo. La naturaleza de Dios es así a través de nosotros, no necesita de nuestras palabras; primero necesita de nuestros corazones. A veces, a través de observar a alguien, nuestras oraciones y nuestra decisión de estar con quien Dios es, nos conecta más a Él que al comunicarle algo a Él, a veces, cuando Dios nos da una revelación, se crea una autoridad en nuestros corazones para amar a las personas, cuando ellos superan cosas que orábamos que superaran, eso nos ayuda a vivir en una actitud de celebración, incluso antes de que sea algo verbal, el amor por ellos vive profundamente en nuestros corazones.

"Hay veces, en el ministerio de la profecía, que las palabras que recibimos para otros deben quedarse en el salón del trono... son más poderosas cuando se convierten en una hermosa oración y cuando son comunicadas al Padre que cuando las ponemos en un lenguaje profético y las comunicamos a los seres humanos." GRAHAM COOKE, UNA HERMOSA ORACIÓN: LA ALEGRÍA DE SIEMPRE RECIBIR TUS ORACIONES.

CAPÍTULO 10

REVELACIÓN – TODOS PUEDEN PARTICIPAR

Dios es tan dedicado en cuanto a su amor por la humanidad que su amor se puede ver por todos lados. No sólo eso, constantemente nos lo señala a todos, tratando de conectarse con toda la humanidad, nos da todas las oportunidades que puede para llevarnos hacia la vida que Él quiere que tengamos, la presencia de Dios está en toda la tierra.

"'¿Soy un Dios que está cerca,' proclama el SEÑOR, 'y no un dios lejano? ¿Puede un hombre ocultarse para que yo no lo vea?' proclama el SEÑOR. '¿No lleno yo el cielo y la tierra?' exclama el SEÑOR" (Jeremías 23:23-24 NASB). *"Y se decían el uno al otro, "Santo, santo, santo, es el SEÑOR, toda la tierra está llena de su gloria"* (Isaías 6:3 NASB). Existen muchas Escrituras sobre la gloria de Dios que cubre la tierra o que cubre a la humanidad, esta palabra "gloria" se refiere a su naturaleza manifiesta, no es un poder, una cosa o tan sólo sus principios reguladores: ¡es nuestro Dios!, Él es tan grande y tiene tanto amor que su amor está en todos lados, sabemos que si Él está en todos lados, este Dios amoroso está tratando constantemente de hablar y conectarse con la humanidad.

Daniel no tenía ningún problema con este concepto, incluso dijo que Dios le envió un sueño a un rey pagano que adoraba a dioses falsos, Nabucodonosor no era un buen hombre (probablemente se parecía a Saddam Hussein, Stalin o peor), no era ningún héroe, ni un rey de cuento de hadas, considera el hecho de que hizo una imagen de él mismo y quería que todos lo adoraran o murieran; y, casi mató a Daniel y a sus amigos debido a eso, sin embargo, Daniel aún confiaba en la capacidad de Dios para hablarle a este rey, esa es una fe milagrosa, el tipo de fe que las Iglesias contemporáneas muchas veces no tienen para el mundo que nos rodea.

De alguna manera tenemos la idea narcisista en la iglesia de que nosotros somos la voz de Dios, que nosotros somos la fuente para que la gente escuche a Dios y que si no hablamos, nunca lo escucharán. Es Dios mismo quien habla a través de la creación, de la gente, de las estaciones, de las industrias, a través de Hollywood etc. Muchas veces habla a través de fuentes de las que un cristiano hubiera huido (esto me enamora).

Daniel, sin embargo, interpretó el sueño misterioso de Nabucodonosor y creyó completamente que había venido del corazón de Dios, no mintió en un intento evangelizador para manipular a Nabucodonosor y no sólo estaba haciendo su trabajo, sentía un amor y respeto profundos por Nabucodonosor y por Babilonia, a pesar de que su pueblo estaba exiliado ahí, mostro un tipo de amor, honor y servicio a un imperio pagano que hoy en día sería controvercial. La mayoría de los cristianos en el presente tratan de convencer al mundo para que esté de acuerdo con sus argumentos y ni siquiera piensan que el mundo pueda conectarse con Dios si no están ellos presentes. Dios es más grande que nosotros y aunque utiliza a la iglesia, a su pueblo como principales vehículos, no está limitado por nosotros. Dios no sólo uso a los israelitas en el Antiguo Testamento para hablarle al mundo que los rodeaba, también utilizó al mundo que los rodeaba para salvar y ayudar a Israel, esto nos muestra que Dios actuará en su propio nombre y amará fuera de nuestra lógica.

La mayoría de los cristianos que visitaran una feria New Age hoy en día, probablemente no esperarían que Dios le hablará a nadie de ahí, podemos juzgar a las personas New Age como un grupo con enfermedades mentales, poderes ocultos, conexiones demoniacas o imaginaciones brillantes, sin embargo, Daniel, en su época, creía que Dios deseaba hablar incluso en un imperio pagano; tenía este nivel de fe debido a su nivel de conexión con Dios, no le preocupaban las otras búsquedas espirituales de Nabucodonosor; llegó sabiendo que la búsqueda de Dios por Nabucodonosor era mucho más grande. ¡Yo quiero una fe como esta!

JOSÉ

José era muy bueno para interpretar el corazón de Dios a través de los sueños de los gentiles, pues sabía que Dios amaba a la humanidad. El sueño que Dios le había dado cuando era joven no se centraba únicamente en Israel, era una imagen de todo lo que se conocía como el mundo y que iba a ser tocado por la autoridad de Dios a través de él. No veía lo que hacía como simples interpretaciones de sueños humanos o demoniacos; sabía que estaba interpretando el corazón del Dios de todo el universo, revelaba ese corazón a aquellos que le rodeaban para que pudieran estar conectados con ese Dios que es vivo, activo y amoroso.

El faraón quedó impresionado por la sabiduría y revelación proveniente de José y eso creó un lazo de relación con él. José ayudó a definir lo que era el liderazgo para el faraón, quien ya era el hombre más poderoso de su generación, el faraón no era hebreo, ni hemos leído alguna vez que se haya convertido, aunque sabemos que Egipto fue bendecido y que el faraón por lo menos adopto algunos de los principios del reino durante su propio reinado, nunca renunció a sus dioses, ídolos o tradiciones. Esperamos que sí lo haya hecho.

Incluso en el caso de Ester, Dios no se limitó a la conversión de alguien para utilizarla, El rey Jerjes nunca adoptó las tradiciones o la religión judía, pero el papel de Ester en su vida permitió que Israel se liberara de la opresión y que llegara al restaurado lugar de importancia que Dios le había prometido.

Por supuesto nosotros deseamos que la gente que nos rodea inicie una relación completa con Dios, pero Dios no se limita cuando las personas no tienen una relación con Él, se le puede ver en medio de toda libertad religiosa como una luz maravillosa y el cristianismo nunca se ve opacado porque otras libertades crezcan, sólo mejora y se vuelve más brillante.

DIOS HABLA POR TODO NUESTRO ALREDEDOR

Necesitamos entender que Dios habla a nuestro alrededor. Pienso en la historia que mencioné anteriormente sobre Pedro yendo a la casa de Cornelio porque Dios le había hablado, pero Dios también le habló a Cornelio sobre su vida; y, Cornelio necesitaba encontrarse con Pedro para llegar a la revelación completa de su búsqueda espiritual. ¿No es maravilloso? Dios no sólo le habló a Pedro; le habló a este gentil de tal manera que hizo que Pedro tuviera que cambiar su teología para incluir a los gentiles al momento de compartir el evangelio; muchos de nosotros también necesitamos darnos cuenta de que habrá un cambio en nuestro sistema de creencias, empezaremos por reconocer la conversación de Dios que ya se está llevando a cabo a nuestro alrededor. ¡Porque Dios amó tanto al mundo!

LA HISTORIA DE UNA CHICA HAWAIANA

Estuve en Hawái en el 2012, el apartamento en donde me hospedé era hermoso, pero la entrada estaba muy cerca del área de prostíbulos nocturnos, estaba a una cuadra de la avenida principal de Honolulú, tenía hambre, y lo único que estaba abierto después de las 10:30 pm, cuando me fueron a dejar, era una tienda de sándwiches, así que me dirigí hacia allá. Era un área segura pero sucia después de las 10 p.m.

En el camino, un chico hawaiano como de unos veinte me tocó el brazo y me dijo: *"Oye, amigo, ¿necesitas algo esta noche?"*

Sabía que lo que fuera que estuviera vendiendo era algo que yo no iba a comprar, así que dije: *"Nop, estoy bien, sólo voy por un sándwich".*

"Vamos, amigo, ¿quieres algo de hierba?" Se puso las manos en la boca como si estuviera fumando.

"No, eso me daría más hambre. Yo sólo quiero un sándwich."

Se rio y dijo: *"¿Quieres una chica?"* y señaló a tres adolescentes sentados en la entrada de un restaurante cerrado a quienes no había visto, eran dos chicos y una chica, todos menores de dieciocho años y la chica sólo tenía alrededor de quince. Me enojé de inmediato de que me estuviera ofreciendo a esta joven chica, quien no estaba vestida para ser prostituta como las otras al final de la calle, se veía muy nueva y no iniciada en la prostitución, pero él me la seguía ofreciendo.

Dije: "No, pero quiero hablar con ella rápido", y caminé hacia ella.

"Oye, me llamo Shawn. ¿Cómo te llamas?"

El aspirante a proxeneta se acercó y se paró a mi lado, se veía tranquilo de que yo estuviera hablando con ella por nuestra conexión anterior.

"(Los nombres han sido cambiados) Kayla," me dijo, con muy poco interés.

"¿Cuál es tu sueño en la vida?" le pregunté.

"¿A qué te refieres? Yo no tengo ningún sueño," respondió.

"Bueno, yo soy cristiano y pastor, Dios me habla sobre los sueños que tiene para mí y me ayuda a crear los propios, así que vamos a orar durante un minuto y pidámosle a Dios que te muestre un sueño para tu vida. Él pensó en ti durante millones de años antes de que incluso te creara, así que preguntémosle qué tenía pensado".

"Hmm, está bien," dijo, algo confundida pero divertida.

"Ok, toma prestada mi fe y repite después de mí, luego esperas una respuesta. Va a hablar dentro de ti. Jesús, tú me amas y me creaste para disfrutar la vida y vivirla al máximo. Muéstrame algo para lo que haya sido creada."

Ella repitió y después dijo: *"¡Vaya!"*, los dos muchachos en ambos lados se habían estado riendo hasta que dijo eso. Se veía como si realmente sintiera que había escuchado algo.

"¿Qué escuchaste?", le pregunté.

"Escuché que debería ser cocinera. . . ." dijo sin ninguna inseguridad, pero había una mirada de asombro en su cara como si nunca hubiera esperado que podría haber algo más que la nada que la había conducido a las calles.

"¿Te refieres como a un chef? ¿Te gusta cocinar?" le pregunté.

"Creo que sí... realmente no lo hago mucho pero sí, ¡me gusta!" estaba maravillada.

Antes de permitirle reflexionar demasiado, dije: *"Dios no te daría una idea tan genial, sin darte los pasos para ir detrás, como por ejemplo mañana, sobre este sueño, así que pidámosle algunos pasos. Repite después de mí: Padre, me has mostrado algo que puedo hacer que me haría sentir plena y sentir tu corazón. ¿Qué paso puedo dar esta semana hacia ese plan?"*

Lo repitió y después dijo, *"¡Wow!"*

Su amigo que se encontraba a su lado abrió los ojos y dijo: *"¿Qué, Kayla?"*

"¡Dios me dijo que llamara a mi tío que tiene una cafetería! Nunca hablo con él porque mi mamá lo odiaba y nunca nos dejó hablarle o verle".

Observa, la primera vez ella sólo escuchó algo dentro. La segunda vez, supo que era Dios y lo reconoció.

"Kayla, ¿me prometes que le llamarás mañana y que vas a hablar con él sobre esto?" le pregunté. Ella prometió que lo haría, estábamos intercambiando teléfonos cuando uno de los chicos, que estaban parados a su lado, dijo que él también quería, así que oramos y tuvimos un encuentro similar.

Kayla me llamó el día que habló con su tío, él y su esposa eran cristianos y habían estado orando por ella, especialmente desde que había huido, estaban tan contentos de que hubiera llamado. Ella les contó lo que Dios le había mostrado, la contrataron y se la llevaron a vivir con ellos, era un increíble recurso para su negocio, tan trabajadora y muy inteligente en cuanto a ideas que podían traer a nuevos grupos de gente a la cafetería que tenían (que era generalmente frecuentada por personas mayores de la localidad); el negocio creció tan rápido conforme se asoció con ellos dos, tanto en temas de comida como de negocios.

Fue tan maravilloso, porque cuando ella iba a cumplir diecisiete años, me llamó para darme una actualización en cuanto al maravilloso giro que había dado su vida. Había sido salva; por un tiempo vivía con su tío y su tía y había terminado la escuela antes de tiempo con un certificado de preparatoria, también administraba la cafetería, entonces me dijo:

"¡Mi tío quiere abrir otra cafetería y quiere que yo sea copropietaria y le ayude!"

Estaba emocionado por ella. *"¿Vas a ir a la escuela a estudiar negocios o artes culinarias?"*

"No tengo tiempo. ¡Abrimos el mes que entra! ¡Será mío en tan sólo unos años!, ¡El sueño que Dios tiene para mí es mucho más grande de lo que pensé!"

¡Me sentía tan emocionado por ella!, ¿Te imaginas? Dios le habló. Yo no le vaticiné nada. Yo simplemente la ayudé a creer que Dios la amaba lo suficiente para tener una conversación con ella.

Es un Dios tan personal que sabe que no siempre creeremos las palabras que alguien más nos diga, así que: Él nos habla. El faraón nunca hubiera conocido a José, si José no hubiera interpretado su sueño, pero Dios puso el sueño en el corazón del faraón, aun cuando hubiera conocido a José, no habría creído en la experiencia profética.

Dios habla por todos lados, lo escuchamos en los basureros de los países tercermundistas, en los centros vacacionales más hermosos y llenos de millonarios del mundo. Dios no contiene su voz, pero busca a personas en quienes pueda confiar, amigos que sabe que amarán a aquellos a quienes les habla, con el fin de crear la conexión que Él desea con la revelación dada.

Nuestra buena amiga Cindy McGill es experta en interpretación de sueños y sale con su equipo a las calles todo el tiempo para interpretarlos. A veces, sólo le pregunta a la gente si tienen un sueño recurrente y casi todos a quienes pregunta responden que sí, después que le cuentan el sueño, ella puede hablar a través de éste, revela lo que Dios está diciendo a través del sueño y les brinda una solución. A veces sus revelaciones les ayudan a saber que vino de un Dios que los ama y que tiene algo en Su corazón para ellos, la gente se ilumina cuando siente esa cercanía con Dios.

Hemos sido arrogantes al pensar que debemos tener o ser el punto de encuentro para el mundo. Todo el mundo está lleno de encuentros con Dios; sólo necesitamos reconocerlos y colocar a las personas hacia una relación con Dios para que puedan vivir en su presencia eterna a través de la salvación en Jesús.

EN EL HOTEL CON EL JOVEN DE SERVICIO A LA HABITACIÓN

Llegué tarde a la habitación de mi hotel en San Francisco después de la reunión en la que había hablado y estaba muy contento de poder hacer la última llamada que aceptaron para servicio a la habitación (gracias a Dios). Mi esposa y yo comenzamos a hablar por teléfono y estábamos a mitad de una conversación amena mientras yo me alistaba para irme a la cama, cuando tocó el servicio a la puerta, permanecí en el teléfono con mi esposa, pero cuando abrí la puerta, noté al joven que había traído mi comida, tal vez fue porque vestía ropa de calle en lugar de un uniforme, pero también observé que se veía muy decaído y no sólo un poco, su rostro estaba pálido. Entregó la comida y se fue de prisa, pero me preocupé por él inmediatamente, mientras que sabía que probablemente nunca le volvería a ver. Oré por él rápidamente y seguí hablando con mi esposa.

Después de algunos minutos, tocaron a la puerta otra vez. Era él.

"Amor, te llamó después," dije y abrí la puerta.

"Señor, olvidé que tiene que firmar la cuenta".

"Oye, ¿estás bien?" le pregunté, sin esperar mucho a cambio.

"Preferiría no hablar de ello." *"Está bien, pero si quieres hablar, soy pastor y tal vez podría ayudarte. Te siento un poco tenso".*

Dios abrió su corazón a la vulnerabilidad. *"Bueno, está bien."* Tenía lágrimas en los ojos pero se negaba a llorar.

"Hablemos sobre esto", dije y los dos nos sentamos. Me dijo que se llamaba James y que yo era su última tarea en un trabajo que nunca realizaba en el hotel, pero que había tenido que cubrir a alguien del personal, entonces me contó todo sobre la relación y lo difícil que era que hubieran terminado con él.

"Me botó tan rápido. Ni siquiera quiere hablar del tema."

Yo quería que Dios hablara sobre eso, y le dije:

"Soy cristiano y yo creo que Dios nos hizo para estar en relaciones con otros y creo que a Él le encantan. Dios pensó en ti durante eternidades antes de que incluso te creara, así que preguntémosle qué piensa sobre la relación. Le voy a hacer preguntas y tú le pides las respuestas, ¿está bien?"

"Hmm, no creo en Dios y no soy religioso."

"Bueno, no perdemos nada con intentar. Hagámoslo una sola vez entonces". Sonreí animosamente y cerré los ojos, cuando eché un vistazo, él también los había cerrado. *"Dios, Tú creaste a mi nuevo amigo, James, para prosperar en las relaciones, ¿Le podrías mostrar si ésta es la relación correcta para esta etapa de su vida?"*

Incluso antes de que le pidiera que se lo preguntara a Dios, dijo: *"¡No lo es! Sé que ella no es la correcta para mí. ¡Lo puedo sentir!"*

"¿Dios te lo mostró o simplemente lo sabes?" le pregunté.

"¡Las dos cosas!" dijo. Aprendía rápidamente, y los dos estábamos en shock por lo rápido que lo había escuchado.

"Preguntémosle que tiene para ti. Jesús, ¿què deseas mostrarle a James en este momento sobre lo que te gusta para él?, ¿Qué tal sobre su vida y sus relaciones?"

"¡Se supone que tengo que escribir música!" exclamó, como si lo hubiera sabido todo el tiempo y sólo lo acabara de descubrir.

Yo no me esperaba eso. Estábamos preguntando más bien sobre relaciones. *"Eso es maravilloso. ¿Tocas algún instrumento?, ¿Qué fue lo que escuchaste?"*

"Sí, soy músico, o... era músico en la preparatoria. Gané todo tipo de premios, pero mi papá me dijo que no siguiera con eso en la universidad porque la música había sido un callejón sin salida para él y estaba tan decepcionado que no quería que yo pasara por eso. Me inscribí en un programa de hotelería en la universidad y estoy haciendo mis prácticas aquí. ¡Lo odio!, tal y como no me gustaba mi relación con mi novia, pero creía que estaba haciendo lo correcto".

"¡Tienes que dejar de hacer lo correcto y empezar a hacer lo que es real para tu corazón!". Dejé que lo comprendiera. *"Hagámosle otra pregunta a Dios, porque obviamente a Él le gusta responderte. Pidámosle que te mencione un paso que puedas tomar para seguir por el camino de la música."*

Oramos un ratito y dijo: *"Siento como si tuviera que ir al conservatorio de música en Los Ángeles".*

"¡Ahí es donde vivo!" le dije.

Él estaba emocionado. Yo era la primera persona que conocía, que era de Los Ángeles, durante mucho tiempo. Me platicó acerca del programa. Oramos para que tuviera el valor de cambiar de carrera y para que sus padres lo entendieran. Al final dijo: *"Nunca he ido a la iglesia. ¿El cristianismo es el de la cruz?"*. Me empecé a carcajear bastante fuerte, porque el Dios de la cruz lo acababa de preparar para el amor y para la vida y no le había pedido nada a cambio. Le platiqué a James todo acerca de Jesús y su amor, y James quiso invitarlo a entrar en su vida, esa noche, después de que Dios lo había confortado, tocado sus emociones, le había dado valor y lo había hecho reír, James fue salvo.

RECONOCIENDO A DIOS EN LO NORMAL

"Llámame y te responderé. Te diré cosas maravillosas y misteriosas que tú ignoras" (Jeremías 33:3).

Dios quiere estar presente de manera manifiesta en nuestro día a día, es uno de los más grandes regalos de Dios para nosotros, manifestar su presencia en el aquí y en el ahora, sólo necesitamos aprender cómo invitarlo a entrar y cómo reconocer cuándo ya se encuentra ahí. Tenemos que empezar a creer que Dios se va a hacer presente incluso cuando no nos encontremos en el estado mental o en el estado de ánimo más óptimo. Cuando eres cristiano, Dios no depende de que te encuentres en el estado de ánimo correcto para hablar con la gente que te rodea, le has pedido a Dios que entre en tu vida, que colabore contigo y que trabaje a través de ti; por cuanto debes tener claro que Dios puede hacer lo que desee a través tuyo, eso significa que incluso en los días más normales y mundanos, Él puede ser un Dios maravilloso en medio de toda la cotidianidad.

EN EL AVIÓN CON UNA DOBLE DE ACCIÓN

Estaba saliendo de California en un vuelo de cinco horas, me habían subido de categoría y no había nadie sentado al lado mío, lo cual era glorioso, porque estaba tan cansado que sólo quería dormir todo el camino; en el último minuto, justo cuando la puerta se estaba cerrando, una mujer se sentó junto a mí. Se veía destrozada y recuerdo en mi habitual humanidad susurrarle a Dios: *"Por favor, Dios, sólo déjame dormir"*, esa fue una reacción humana normal a mi fatiga y pesada carga de trabajo de esa semana, pero muy en el fondo de mí estaba ese llamado radical: *"Tú puedes hacer cualquier cosa, en cualquier lugar, a cualquier hora"*, Dios me recordó esa oración y decidió cobrársela (caray).

Hicimos un buen trabajo ignorándonos mutuamente hasta que el sobrecargo se acercó a preguntarnos qué deseábamos tomar, la mujer respondió: *"Me gustaría la bebida alcohólica más fuerte que tenga para perder el conocimiento y olvidar que este viaje alguna vez ocurrió."* Obviamente, acababa de pasar por algo que estaba destruyendo sus emociones, me preocupé, pero al mismo tiempo trataba de no parecer interesado, hasta que dijo eso. Bromeé y dije: *"Yo también quiero perder la consciencia, pero tomaré agua".*

Me miró y sonrió, dijo: *"Hola, me llamo Lisa".*

"Yo me llamo Shawn".

"Bien Shawn, yo trabajo en la industria de dobles de acción en Hollywood, ¿Tú a qué te dedicas? No quiero pensar en mi vida, así que ¿qué tal si nos enfocamos en la tuya?", sonrió de una manera genuina.

Yo realmente no quería hablar, así que le conté la versión de lo que hacía que probablemente no le habría interesado a alguien que no me conocía o que no creía en Dios al igual que yo. Ya sé, ya sé. Terrible de mi parte. *"Bueno Lisa, viaje alrededor del mundo como pastor cristiano y enseño a la gente cómo escuchar a Dios."*

"¡Eso es fascinante! Ni siquiera creo en Dios, ¡así que pensar que lo puedes escuchar debe ser increíble! ¿Me puedes platicar qué es lo que enseñas?"

Me reí en voz alta, sabiendo que no me iba a poder safar de esta trampa de Dios. Aquí tenía una mujer cuyas emociones estaban tensas, quien necesitaba distracción y quien estaba sentada a lado mío y quería entrenamiento en la profecía. *"Claro, Lisa"* y le di un curso intensivo, no sólo de profecía, sino de mucho de lo que escribo aquí (Dios nos ama y habla con nosotros).

Estaba tan impactada después de algunas horas de preguntas y respuestas e hizo una fuerte declaración: *"¿Sabes qué es lo que necesitas hacer?"*, y me dio una gran versión de todas y cada una de las palabras proféticas que eran importantes para mí, unidas como un plan, incluía a la industria del entretenimiento, temas de justicia y todo tipo de cosas de las que no habíamos platicado.

Después de compartirlo todo, tenía una pregunta para ella: *"Lisa, sabes lo que acabas de hacer, ¿verdad?"*.

Se veía sorprendida y se aferró a su asiento, *"¡Rayos!"*.

Nos quedamos sentados durante un minuto mientras entendía lo que había pasado.

"¡Acabo de profetizar!" exclamó. El Dios en el que no creía la acababa de usar para hablar conmigo porque ella había abierto su corazón.

Continúo contándome que la tragedia que acababa de ocurrir era sobre un miembro lejano de la familia con quien ella tenía conflicto, acababa de morir, y ella estaba sintiendo el dolor y la devastación de no haberlo solucionado cuando fue al funeral, oramos juntos y ese día conoció el amor de Dios, no a través de proporcionarle un encuentro o una profecía, sino al escuchar a Dios ella misma, ella entregó su corazón y eso la cambió para siempre.

DIOS HABLA A TODOS LOS QUE QUIERAN ESCUCHAR, PERO SÓLO TIENE CONVERSACIONES LARGAS Y CONSTANTES CON SUS AMIGOS

Los dones proféticos son inherentes a la humanidad, Dios nunca ha dejado de interactuar con el hombre de manera sobrenatural, tenemos muchos registros históricos de esto y nosotros también podemos hablar con Él a través de la profecía, pero si no entendemos que Dios es soberano y que habla todo el tiempo, con o sin nosotros, no entenderemos lo grande que es su misericordia, o peor aún, nos implantaremos la idea de que el mundo nos necesita, cuando es a Jesús a quien el mundo realmente necesita. He visto a muchos profetas incorporarse al elitismo, piensan que si no comparten sus encuentros o comparten una palabra profética, Dios no hará nada, es difícil y raro ver a la gente pasar por eso, porque los separa de tener y compartir la relación misma que Dios quiere crear. Dios quiere conectar a todos con Su corazón a través de todos los medios que tiene a su disposición y no sólo que algunas personas conozcan los misterios mientras que todos los demás se les quedan viendo, deseando echar un vistazo.

La belleza de la profecía es que Dios convierte las cosas profundas en cosas comunes, no retiene información, la mayoría de los cultos construyen su fuerza separando y mediando la información o a través de unos pocos guardando los poderosos secretos en lugar de muchos. En el cristianismo, Dios ha hablado libremente acerca de los más preciosos secretos a personas que ni siquiera creen en Él, porque nuestro poder está en la relación, no en el conocimiento o en planes secretos; utiliza a los más sencillos para motivar a las masas y no es elitista. Él revela sus secretos a la humanidad porque nos trata a todos como amigos.

CAPÍTULO 11

RESPONSABILIDAD, UNA NUEVA FORMA DE CRECER

La gente, en todos lados, ahora tiene una menor expectativa en cuanto a dones proféticos, la mayoría debido a una severa falta de responsabilidad por parte de profetas autoproclamados; si yo te contara historias de lo que la gente ha estado dispuesta a creer (a través de varios ministerios disfuncionales), te pondrías muy triste, posiblemente te reirías y luego te pondrías triste otra vez, o peor aún, muchos lectores podrían contarme historias incluso más terribles.

Pienso que cuando se iniciaron muchos de los ministerios proféticos, especialmente en los años 1980-1990, las personas se sentían muy emocionadas de poder escuchar la voz de Dios, estaban tan ocupados preparando y entrenando a otros para que tuvieran fe y que Dios pudiera hablar que quedaba muy poco tiempo para el proceso de responsabilidad y pasaron muchas cosas muy rápido; creo que todos reaccionaron en modo de supervivencia, luchaban por aprender cómo dirigir la voz de Dios y las promesas que venían con ésta, trataban de averiguar por qué Dios hablaba a través de personas tan excéntricas, quienes parecían ser las elegidas para eso, nadie pensaba en lo que Dios quería hacer – llevar la profecía a todas las iglesias y a todos los creyentes, porque durante el movimiento, ni siquiera sabían si iba a durar.

Esa fue una asombrosa jugada de Dios, fue la primera vez en la historia que un gran número de iglesias comenzaron a creer que Dios quería hablarnos sobre nuestras vidas cotidianas y sobre el mundo que nos rodea. Dios quería conversar con nosotros sobre su corazón, no sólo mostrárnoslo en las Escrituras, ¡sino dar vida a las Escrituras a través de Su Espíritu!, había mensajes que predominaban en esos tiempos, como: *"Esta es la temporada de la Palabra y del Espíritu"*. Al mismo tiempo, había muchas rupturas entre los líderes que dirigían los ministerios, la única manera en la que abordaban las ineficiencias era enseñando a tener más carácter en lugar de la unción o los dones, mientras que esto resultaba útil, parecía retrógrado en muchos círculos de cristianos, no era necesariamente fortalecedor y muchas veces eliminaba el ávido interés por el ministerio profético por el daño que las personas estaban creando. Por un lado, las personas estaban siendo testigos de las más maravillosas demostraciones de poder de Dios en casi todas las escalas bíblicas y por el otro lado, algunas de estas personas, que tuvieron poder por un minuto y asombraron al mundo, cayeron en vidas llenas de depresión, indiscreciones sexuales, malversación de dinero, liderazgo de cultos "cristianos" y muchas otras cosas.

Fueron épocas muy emotivas y por las que aún hay gente confundida, cada vez que una nueva y excéntrica voz se añadía a la creciente lista de voces proféticas, se daban excusas debido a sus métodos. Algunas de esas voces venían de orígenes destrozados, sin embargo experimentaron una enorme gracia por parte de la comunidad cristiana (una gracia que no se daría hoy en día). Los profetas eran considerados como anormales o soberanos, pero también se les permitía ser raros, violar la relación y no tener que rendir cuentas ante los estándares sociales, las cosas han cambiado mucho desde entonces, porque hemos engendrado en la cultura cristiana habilidades de vida, inteligencia emocional, psicología, autoayuda, verdaderos estudios bíblicos y teología, en otras palabras, tenemos un movimiento de auto-fortalecimiento que conforma una identidad sana y que analiza a los profetas en la puerta en cuanto a su comprensión sobre salud emocional y relacional antes de darles una plataforma. Ahora podemos ir más allá de las debilidades y excesos de los profetas, porque en estos días vemos una generación de profetas cristianos que están listos para escuchar la voz de Dios y compartirlo de maneras poderosas.

Pablo escribió a los Corintios sobre un nuevo principio profético clave: *"El don de profecía está bajo el control de los profetas"* (1 Corintios 14:32 NVI), usamos mucho este versiculo cuando esperamos que los profetas sean disciplinados y honren la atmósfera espiritual de la habitación, pero este verso realmente va mucho más allá de eso: habla de autocontrol, autoconsciencia y ser responsable ante la gente o la comunidad de lo que se está profetizando, se habla muy poco de regular lo profético, pero eso es porque la Biblia da un contexto relacional de los dones – uno al que la profecía debe adherirse como sistema fundamental de valores.

Pablo y quienes escribieron el Nuevo Testamento, no tenían ningún deseo de separar los roles ministeriales de la responsabilidad total del mensaje esencial de la relación, nunca existió un solo rol en el Nuevo Testamento –tal como misionero, profeta o pastor – del que se hablara más de dos o tres veces; sin embargo, nuestras principales identidades como hijos y herederos junto con Jesús, se encuentran como tema central a través del Nuevo Testamento, es esencial enfocarnos en lo más importante que en lo menos, cuando convertimos a nuestras identidades en el tema central del ministerio profético o de la búsqueda de lo profético, eso le da a la profecía la misma importancia que a cada uno de los otros dones de Dios, es tan importante que sigamos contando con ministerios proféticos y con profetas, que rindan cuentas de sus habilidades relacionales y no sólo de sus palabras proféticas.

BLOQUEÉ MI PROPIA CAPACIDAD DE PROFETIZAR

A mediados de los noventas, fui a ver a un pequeño grupo lleno de jóvenes realmente asombrosos con los que me sentía conectado, se suponía que debía hablar y muchos de ellos esperaban realmente que pudiéramos hacer una oración con el fin de escuchar a Dios; después de hablar los dirigí en oración, ¡pero me sentí tan bloqueado!, me pregunté a mi mismo: ¿qué pasa?, busqué todas las razones externas de por qué sentía como si nada fluyera, oré a Dios para que cambiara el ambiente; oré que tuviéramos fe (lo que significa que ellos tuvieran fe); oré contra el enemigo, seguí orando por cosas y nada funcionaba, entonces internamente le pregunté a Dios de nuevo: *"¿Por qué está siendo tan difícil esto?"*, siento como si hubiera incredulidad en la habitación, entonces escuché a Dios, quien todo el tiempo había estado esperado que le preguntara y dijo: *"¿Recuerdas cuando oraste por esa chica de allá, Jessica, hace un año y profetizaste algunas cosas que ocurrirían en su vida dentro de un cierto periodo de tiempo? no fue así, y está decepcionada de ti y de mí. Nunca te hiciste responsable por ello y lo que estás sintiendo es mi deseo de que arregles eso"*. Yo estaba en shock, me encontraba en una cultura en la que por lo general se culpa a la persona si la profecía no se cumple. ¿No era su culpa que mi profecía no se hubiera cumplido?, ¿No era ella la responsable de encauzar la palabra y averiguarlo?, creo que la mayoría de las personas son así, buscando afuera muros que los bloquean cuando a veces nosotros mismos hemos construido los muros más altos.

Tenía muy mala autoconsciencia en esa época (y todavía la tengo algunas veces, pero la estoy desarrollando intencionalmente) así que Dios tuvo que decírmelo, yo no sentía que fuera mi responsabilidad hasta que me puse en los zapatos de ella. Un ministro profeta ampliamente conocido, algunos años atrás, me había profetizado algo que me conduciría a una mayor oportunidad con más dinero y más conexiones. . . y nada había ocurrido, de hecho, sucedió lo contrario por un tiempo después de eso, cuando fui a hablar con el ministro para preguntarle si tenía alguna idea de por qué no se había cumplido la palabra, se sintió algo ofendido y dijo que probablemente había sido por algo que yo había hecho, que había sido desobediente o que había pecado y por eso no había sucedido. Yo estaba tan sorprendido. No había hecho nada de manera consciente para debilitar mi relación con Dios, y me sentía como si estuviera avanzando, no perdiendo terreno, si hubiera creído en lo que este ministro profeta me había dicho, me habría puesto en un área de castigo o me habría alejado de mi fe, me hubiera sentido destrozado de no haber trabajado antes en tener una identidad sólida y una madurez espiritual.

Sabía que Jessica había puesto mucha fe en la palabra que le había dado y que probablemente se sentía muy decepcionada. La miré y le pregunté en frente de todos: *"¿Se cumplió en algo la palabra que te di hace un año?"*

Se veía un poco nerviosa y apenada, dijo que: *"No"*

"Lo siento muchísimo. No sé porque algunas cosas fallo, pero quiero tomar responsabilidad por ello y decirte que sigo creciendo. Espero que puedas perdonarme y que sepas que sólo trataba de alentarte".

Se veía tan aliviada que se le llenaron los ojos de lágrimas. *"¡Gracias!"* y justo entonces Dios entró a la habitación. Su presencia de amor fue tan poderosa que ministre a cada una de las personas que estaban ahí, incluyéndola a ella y no hubo ningún bloqueo.

RENDICIÓN DE CUENTAS

Pienso que cuando las personas se están desarrollando dentro de la profecía, parte de que el espíritu de un profeta esté sujeto al profeta es que cada persona debe asumir la responsabilidad por su ministerio como un estándar.

A finales de los 90 y principios del 2000 en la ciudad de Kansas (como parte del ministerio de Mike Bickle), yo era probablemente una de las voces proféticas más poderosas en ese tiempo. Un día, después de haber profetizado en medio de un grupo de gente muy festiva, estuve sentado en la recepción con Mike y con mi equipo, el equipo estaba muy emocionado, pero Mike, mi pastor, me desafío de una manera muy noble.

"¿Cómo sabes si cada una de las profecías que das con fechas y detalles futuros realmente se cumplen?"

Uno de los miembros de otro equipo me defendió como si fuera un ataque, a pesar de que era una gran pregunta de crecimiento. *"¡Shawn es increíblemente acertado; escuchaste los informes de esta noche! ¡Recibimos retroalimentación todo el tiempo!, ¡Todo el mundo habla de ello todo el tiempo!"*.

Mike era uno de mis más grandes motivadores y yo no me sentía inseguro con respecto a su pregunta porque sabía que me apreciaba. De hecho, yo estaba realizando ese viaje porque él era uno de los que habían lanzado mi ministerio itinerante.

Me miró y dijo: *"Uno de los errores que cometimos en la culltura ministerial, que deseo que no se repita, es que nunca investigamos sobre las profecías que dimos y que no fueron correctas. Apuesto que el 90% de las veces, si tu profecía no ocurre en la vida de alguien, esa persona pensará que Dios está enojado con él o que el diablo está peleando en su contra o peor aún, que bloqueó algo bueno que iba a llegar a su vida debido al pecado. Puedes aligerar la presión si das seguimiento a tus profecías por un tiempo para ver cuántas ocurrieron tal y como tú las vaticinaste. Sé que no te equivocas la mayoría de las veces, pero me preocupan las veces que si lo haces. Si miraras atrás y tomaras la responsabilidad, entenderían que si te equivocaste no es culpa de ellos, ni de Dios, ni siquiera de Satanás. No se enojarán contigo por intentarlo, pero podrían sentirse decepcionados."*

Hasta donde yo sabía, Mike nunca le había pedido a nadie dar seguimiento. Sí, había algunos miembros del equipo dando seguimiento a algunas de nuestras más grandes profecías en esa época o por lo menos archivándolas, pero esto estaba en un nivel completamente diferente, nunca había pensado en lo que me estaba diciendo, la mayoría de las personas que empiezan a profetizar no dan seguimiento a nada, a menos que las elijan como ministros y tengan que probar algo. Yo quería hacerme responsable, así que empecé a dar seguimiento a mis palabras, usábamos grabadoras en esos días y yo siempre cargaba con dos al mismo tiempo –una para ellos y una para mí. Soy tan malo para hacer tarea que probablemente se me fueron muchas, pero hice lo mejor que pude para hacerme responsable, en especial cuando era algo muy riesgoso o cuando era una palabra profética muy clara para el futuro.

Durante aproximadamente cinco años, fui muy específico y di seguimiento a todo lo que se le podía dar seguimiento, si daba una palabra para el futuro, obtenía los correos electrónicos de las personas o sus números de teléfono, incluso después de reuniones públicas y les escribía un día o una semana después para preguntarles cómo les había ido. Alrededor del 60% del tiempo, fue sorprendente y brillante y crecí en mi fe a partir de esas historias, me daban mucho valor para seguir adelante. El otro 30% del tiempo, las personas se seguían sintiendo motivadas pero yo no podía necesariamente considerar mi palabra como precisa, clara o cumplida; y, alrededor del 10% de las veces, no se cumplían.

De ese diez por ciento, algunas personas se habían alejado de Dios antes de que la profecía ocurriera, también había situaciones terribles de guerra que pudieron haber retrasado el suceso; pero tal como Mike temía, también había personas inocentes que necesitaban que yo me hiciera responsable porque creían que habían hecho algo para ofender a Dios, aun cuando tenían vidas muy conectadas a Él. No era culpa suya. ¿Y sabes? Fue muy fácil asumir la responsabilidad, y sentía que era lo correcto, incluso cuando no siempre se sintiera (o se siente) bien tener que corregir algo.

Durante esos cinco años aprendí cómo crecer en mi don, autoridad y empatía, cuando le das seguimiento a tus palabras, obtienes la oportunidad de aprender de tus fortalezas y debilidades, te hace ser vulnerable conforme creces a través de un nivel más profundo tanto de inseguridad como de rechazo, asumes un nivel de responsabilidad que no siempre es fácil, pero es una parte necesaria para madurar.

Recuerdo regresar a ver a Mike Bickle con un tipo de reporte sobre el proceso, aunque no me pidió uno gracias a su bondad. Él sólo quería que yo creciera. Se maravilló de lo que estaba aprendiendo y sintió que probablemente debería haberles pedido a más personas que asumieran este tipo de responsabilidad. Tratamos de instaurarlo en nuestra comunidad profética durante una temporada, pero hubo muchísima resistencia, principalmente por parte de las personas que habían profetizado durante diez años o más y que sentían que no tenían por qué asumir ninguna responsabilidad, pensaban que: *"¡Es responsabilidad de las personas para quienes he profetizado dar seguimiento a esas palabras!"*, pero la Biblia no dice que el espíritu de un profeta se encuentre sujeto a la organización o a la iglesia a la que pertenece, dice que el espíritu del profeta está sujeto al profeta, lo que significa que conforme asumimos la responsabilidad de nuestras palabras, empezamos a crecer en autoridad personal, disciplinamos nuestro carácter dando seguimiento, comunicando, arreglando y celebrando.

DAR SEGUIMIENTO A LAS PALABRAS ES PARTE DE NUESTRA RESPONSABILIDAD

Obviamente han existido desigualdades entre los profetas, incluso durante los primeros tiempos de la iglesia. Pablo tuvo que incitar a los tesalonicenses a no tratar a la profecía con desprecio, me pregunto qué fue lo que hizo que tuviera que volver a inspirarlos para honrar el ministerio profético, creo que probablemente tuvieron varias experiencias, tal como todas las generaciones las tienen, cuando algún ministro famoso da tiempos proféticos sobre cosas como el Apocalipsis, Armagedón, el regreso de Jesús o la condenación de una ciudad. Los tesalonicenses probablemente estaban hartos y algunas de las palabras equivocadas probablemente afectaron la influencia que tenían como cristianos entre los incrédulos.

Siempre existirán personalidades desiguales en la iglesia, no somos responsables por la teología de alguien más, sin embargo, somos responsables de fijar un estándar de integridad y responsabilidad entre nuestras propias familias e iglesias, cuando hay luces brillantes, la oscuridad se ve como oscuridad y las demás luces se ven opacas, no tenemos que preocuparnos por las otras luces o incluso por la oscuridad, sólo tenemos que concentrarnos en ser tan brillantes como podamos y recordar nuestra responsabilidad de amar.

Conforme le he dado seguimiento a las palabras al preguntar a las personas posteriormente si las cosas ocurrieron, he tenido muchísimo tiempo para desarrollar una inteligencia emocional que no habría desarrollado si siempre me hubiera mantenido a gran distancia, la inmadurez humana puede provocar muchos malentendidos y parte de madurar es relacionarse bien. Es hora de relacionarnos y permanecer abiertos a nuestros errores, incluso si no son inmorales o verdaderos fracasos. El riesgo y la fe a veces son lo mismo y nuestros errores nunca deberían causar vergüenza o castigo, podemos, sin embargo, tener diferentes límites para crecer.

¡VAS A MORIR SI TE QUEDAS EN ESTA CIUDAD!

Un pastor de la costa este de Estados Unidos me llamó y me dijo que uno de los profetas más famosos y amados de la región acababa de profetizarle, frente a todo su equipo de liderazgo, que moriría si se quedaba en la ciudad en la que vivía, que físicamente moriría. Como caer muerto dentro de dos años, el pastor se sentía escéptico, aunque nervioso, el equipo estaba súper nervioso, porque nunca antes habían oído una palabra como esta, este hombre profético era muy preciso en cuanto a profecías personales de otro tipo y tenía un muy buen historial, por lo que no estaban seguros si debían ayudar a este pastor (a quien amaban) a cambiarse de ciudad.

El pastor sabía que había sido llamado a esa ciudad y sabía que debía permanecer ahí, pero estaba teniendo algunas fricciones con respecto a su misión en la iglesia, esas fricciones no se habían manejado en general, pero lo podían sentir tanto el equipo como su familia; me llamó para preguntarme si había algo que él pudiera hacer, sinceramente me reí, aun cuando no era mi intención, había sido una teología tan equivocada la que había conducido a esta palabra.

"¿Hubo alguna razón espiritual detrás de la advertencia?"

"No en específico," me contestó. Me platicó cómo a veces se había sentido limitado con el equipo y su mentalidad. Él vivía en New England, en donde estaba ubicada la iglesia, pero provenía de la costa oeste, a veces sentía una tensión entre las culturas, pero siempre había podido seguir adelante debido a la pasión y el amor que sentía por su misión y por la comunidad.

Le pregunté si alguien del equipo había hablado con este otro profeta acerca de la tensión latente. Se enteró que uno de los del equipo había hablado con el profeta para pedirle consejo, pero confiaba en que había sido una conversación sana. Yo sabía que aun cuando el miembro del equipo podía haber sido muy sano, la voz profética podía haber adquirido una comprensión limitada, lo cual podía haber influido en su perspectiva.

"Creo que es una distracción. Deberías decirle al profeta que no crees que esa palabra sea útil o exacta y que te vas a quedar. Ve si puede manejar el rechazo de su palabra o si genera un juicio hacia ti, con el fin de tener autoridad personal."

Me dijo que el profeta era muy inflexible y que no sentía que pudiera razonar con él, a pesar de ser un hombre tan bueno. Le expliqué que para mantener una relación equilibrada con el profeta a largo plazo, él y su equipo tendrían que hablar con él acerca de esta actitud de control que tenían las palabras que había dado. Yo sentía que el profeta quizás tendría un oído más abierto para hablarlo después de pasado el periodo de tiempo de la profecía, momento en el que deberían hablar y pedirle que en el futuro no profetizara más sobre muerte o traslados con ese tipo de convicción absoluta.

Así que pasó el tiempo y el pastor no murió. Participó en algunos maratones, es uno de los hombres más sanos de cincuenta y tantos años que conozco y la iglesia está prosperando. El equipo decidió seguir mi consejo y hablar con el profeta de una manera amistosa pero directa acerca de varias profecías que no habían ocurrido – profecías que habían tenido que ver con muerte, enfermedad y dinero. Ellos se habían percatado que cuando tocaba estos temas, su precisión no era buena, debido a su propia falla en estas áreas, no tenía autoridad en su comunidad o posiblemente en su vida, para escuchar a Dios con respecto a estas cosas, cuando platicaron con él sobre el tema, se mostró muy abierto y muy triste; se dio cuenta que las cosas que le preocupaban más en la vida habían dominado su perspectiva profética y creado confusión en su ministerio, especialmente cuando el equipo manejo su propia dinámica de grupo y miedo con él. Le tenía miedo a la muerte, sus finanzas y sus habilidades de manejo de dinero eran insuficientes y siempre estaba enfermo por su adicción al trabajo. Las profecías que daba y que reflejaban las áreas en la que se sentía más equilibrado, tenían una conexión más sana con Dios.

Se disculpó, se retractó de sus palabras, y estuvo de acuerdo en buscar ayuda para sanar y eso me impresionó.

AL TELÉFONO CON UN PROFETA

"El propósito final de toda revelación profética verdadera es edificar, exhortar y animar al pueblo de Dios. Cualquier cosa que no esté dirigida hacia este fin no es profecía verdadera".
JAMES W. GOLL

Un profeta del que había oído hablar y que tenía una cierta denominación obtuvo mi número de teléfono y me llamó directamente, tenía una reputación tanto negativa como positiva en relación a su ministerio profético, nunca habíamos hablado, aunque yo sabía quién era, pero él esperaba que yo lo supiera y aceptara la llamada debido a que era profeta en su iglesia, empezó por háblame acerca de su autoridad profética y de que tenía una profecía para mí. No me preguntó si la quería escuchar, fue una conversación unilateral.

Empezó con el típico estilo profético que caracterizaba a su denominación:

"Hijo mío, estoy contento contigo. . . ."

Soy un conversador, así que este tipo de plática por lo general me asusta un poco, pero sé que existen varios estilos proféticos y que no puedo engancharme con ellos, sabía, sin embargo, que esta palabra no era sana, su palabra trataba básicamente de que Dios iba a sanar los temas profundos de rechazo de mi padre. Después comenzó a hablar de otro tema difícil en el que estaba equivocado y lo interrumpí cuidadosamente.

"¿Sabes? Apreció mucho el que me hayas llamado. Estás hablando sobre una relación que es muy querida para mí y no creo que entiendas mi relación con mi padre. Quiero ayudar a corregir tu percepción, porque amo a mi papá y lo honro constantemente. Mi papá es maravilloso y quisiera darte algo de retroalimentación antes de continuar, porque no quiero que pienses que me rechazó. De hecho fue un papá maravilloso y no hubo ningún abuso o ruptura en nuestra relación."

"Bueno, ¡Dios me mostró que así había sido!" exclamó, como si su revelación fuera mucho más importante que mi verdad personal y mi experiencia. Sentí como si un hombre demente estuviera al otro lado de la línea.

Así que lo convertí en una pregunta para él: *"¿Tú tuviste una ruptura en la relación con tu padre?"*

Dijo que sí.

"Bueno, quizá estás viendo algo a partir de tu propia experiencia y proyectándolo en mí o a la mejor esta palabra es para ti mismo. Tal vez te ves en mí cuando eras joven, un hombre que ama la profecía y estás tratando de protegerme de algo que te sucedió a ti. Todo el mensaje profético que me has dado no me suena a que es para el lugar en el que me encuentro o en el que he estado, pero podría ser para ti o surgir de tu experiencia". Estaba siendo sincero y dándole una retroalimentación honesta, porque yo habría agradecido que me la hubieran dado.

Ama como a ti te gustaría que otros te amaran.

Hubo una pausa en el teléfono y después lo escuche llorar y decir: *"Hacía años que nadie había sido así de sincero conmigo. Gracias por desafiarme. Tienes razón. Estoy atravesando por algunos problemas de rechazo con mi padre y probablemente los proyecté en ti porque deseo genuinamente que tu vida sea mejor de lo que yo he tenido que atravesar. ¡He estado tan preocupado por ti!"*

Me sentí confundido porque nunca me lo habían presentado, nunca había hablado con él y ni siquiera lo conocía, ¿entonces por qué estaba tan preocupado por mí?, este tipo de preocupación se había convertido en una perspectiva profética desequilibrada. La preocupación por aquellos con quien no tienes relación alguna provoca miedo y el miedo provoca todo tipo de perspectivas distorsionadas.

Pudimos hablar sobre él y su vida; y, ya no intentó profetizar sobre mí, tuvimos una maravillosa conversación durante media hora después de eso, pero la iniciamos a partir de un gran lugar de sinceridad y retroalimentación.

CAPÍTULO 12

LA RESPONSABILIDAD EN LA REVELACIÓN

ERES EL HUMANO MÁS PODEROSO EN TU PROPIA VIDA

Una vez se me acercó una señora en la iglesia y me dijo: *"Necesita corregir a ese hombre que está allá. ¡Oró por mí y me dijo cosas con las que no me siento cómoda!"*

"¿Qué fue lo que dijo?" pregunté. Se veía tan alterada, pensé que debía haber sido terrible.

"¡Me dijo que Dios me iba a mandar a otro lugar y que iba a iniciar un nuevo negocio!", estaba destrozada. Amaba su negocio y su casa, y no quería mudarse, sentía como si Dios la hubiera puesto ahí. Estaba muy confundida por las palabras de ese extraño.

"Si estás tan convencida de que él está equivocado, ¿por qué estás tan traumatizada?, es un completo extraño que está practicando escuchar a Dios en un ambiente público. Tú eres mucho más poderosa dentro de tu vida que ese señor. Tú sabes lo que Dios te dice y guias tu vida a lo largo de ese camino que tú crees que Él desea. ¿Por qué no le dijiste simplemente: "Gracias por tratar de orar por mí, pero creo que no me voy a mudar ni a iniciar un nuevo negocio. Sin embargo, aprecio mucho que trates de escuchar a Dios?"

Dijo que nunca había pensado en que sería su responsabilidad defenderse a sí misma en el amor y la bondad hacia la persona que oraba por ella. Quería llevarlo con los directivos porque la había ofendido, pero la ofensa provenía de su propia falta de identidad o fortaleza.

Cuando recibimos palabras proféticas, tenemos que crear un ambiente de retroalimentación y evaluación realista. Si alguien ora por ti, tienes derecho a decir que no estás de acuerdo. No necesitas decirlo de una forma cruel o conflictiva, lo hacemos de forma motivadora. Es importante que ayudes a preparar el ambiente en el que creces, no estarás rechazando a la persona por rechazar sus palabras. Puedes recibir a la persona con bondad y compasión y tratarla como un ser humano, si alguien se siente ofendido sólo porque rechazaste sus palabras, entonces mantente alejado de esa persona, porque tiene límites poco sanos en su corazón que pueden provocar que utilice la profecía con el fin de controlar o manipular a las personas que le rodean.

¿Recuerdas mi ejemplo anterior sobre Pablo y Agabo?, Agabo le dio a Pablo una profecía maravillosa sobre no ir a Roma porque si lo hacía, sería encarcelado por los judíos y entregado a los gentiles. Pablo le dijo a Agabo que tenía que ir porque sabía que esa era la voluntad de Dios, No hubo ningún reproche ni pelea por eso, esto demostró que estos dos líderes maduros comprendían la autoridad de Pablo para recibir lo que fuera verdadero de la palabra que había recibido.

El don de la profecía no fue dado bajo el entendimiento de que el receptor de repente tendría más poder sobre otros o una autoridad especial, debido a esta información interna. La profecía es una demostración del poder relacional, no del poder político. Si no permites que alguien evalué lo que dices o te de retroalimentación cuando profetices algo con respecto a él, entonces estarás diciendo básicamente que tú eres más importante y tienes más autoridad, sabiduría y conexión con lo que estás profetizando de lo que esa persona tiene, ese es exactamente el objetivo contrario de la profecía. La profecía debe conectar a las personas con el mundo que las rodea y con el Dios que los ama, no ponerte a ti en el centro de la ecuación, todo negocio exitoso cuenta con un modelo de evaluación y retroalimentación, tú evalúas el resultado de cualquier empresa analizando lo que funcionó y lo que no para asegurar su crecimiento y bienestar a largo plazo. ¿Por qué buscamos a algunos líderes o pastores para que hagan lo que nosotros deberíamos hacer? nosotros contamos con la autoridad y la responsabilidad relacional para hacerlo.

Cientos de personas me han profetizado porque soy maestro y eso hace que las personas practiquen conmigo. De cientos, sólo algunas docenas han atinado en el blanco. Me frustraría más si tuviera que decirles a más personas que están en lo correcto cuando no es así.

Por más de quince años, una de las áreas principales sobre las que las personas profetizaron con respecto a mí fue sobre mi futura esposa, me casé hasta los treinta y siete años, por lo que muchas personas que me veían trabajar como ministro sólo querían que yo tuviera la felicidad del matrimonio, me dieron tantas palabras acerca del matrimonio que si hubiera considerado todas, me habría vuelto loco. Muchas de las personas que profetizaron dejaban que su deseo de felicidad para mí sobrepasara su capacidad para escuchar la verdadera palabra de Dios, algunas personas intercedieron por mí, pero nuevamente, llevaron esa responsabilidad demasiado lejos al profesar que sus deseos por mí ocurrirían, otros realmente tuvieron profecías, aunque casi ninguna de ellas fue útil porque yo trataba de mantenerme enfocado y las profecías que me daban no eran ni ilustrativas ni muy alentadoras.

De acuerdo a las profecías que recibí de la gente, mi esposa iba a ser tanto alta como de estatura baja; con sobrepeso y atlética; con el cabello rojo, café, y rubio y sería de origen asiático, afroamericano y africano. Se dedicaría a cantar, sería un líder de alabanza, una actriz famosa, una persona sin hogar, una adicta o una prostituta.

Sí, las personas realmente profetizaron todas estas cosas, y sí, todavía me encanta la profecía. Porque ¿sabes? conozco a Dios y estoy aprendiendo a discernir cuando es Dios quien habla o cuando son los deseos que tienen las personas hacia mí los que hablan. ¿Cómo sabemos la diferencia? es parecido a los cajeros de banco que aprenden a diferenciar los billetes falsos después de contar miles de billetes auténticos, cuando sale uno falso, pueden ver que las diferencias son obvias porque están muy acostumbrados a manejar los auténticos. Así me sentía ante las profecías falsas. No juzgué a las personas por dármelas, porque la mayoría de ellas venían de su deseo de animarme (mientras que otros deseaban tener una autoridad o conexión con mi vida). Sólo reubique su fe en mi cabeza.

¿Recuerdas cuando Pedro le habló de manera profética a Jesús después de que Jesús había dicho, "Pronto ya no estaré contigo", implicando su propia muerte? Pedro habló, convencido de que estaba totalmente en lo correcto y siendo profético dijo: "¡¡¡¡Eso no ocurrirá!!!!" más Jesús dijo, "Vamos Pedro. Yo sé lo que va a ocurrir. No trates usar el sentimentalismo espiritual humano. ¡Calla, porque suenas como el enemigo en este momento, no como el Padre!"

Necesitas ser auténtico con las personas que amas. Si están orando por algo con lo que no estás de acuerdo, acláralo para que oren por ti en la dirección correcta. Si alguien no te conoce y profetiza algo, ¡descártalo!, esa persona no es una autoridad para ti; ¡es sólo un creyente tratando de acercarse al corazón y a la voz de Dios!, puede que incluso no sea una persona sana, pero ¿a quién le importa?, no puede transferir la cultura poco sana de su corazón hacia ti a menos que tú la recibas.

Veo como un gran éxito el que las personas se arriesguen con una profecía, así que nos sacamos una A+ cuando lo intentamos y profetizamos. La calificación ya está puesta, incluso si no obtienes la información o si la profecía no es correcta. El problema que puede existir durante tu viaje profético es que no asumas la responsabilidad por tus errores (por las profecías erróneas). La necedad te baja la calificación a una D o a una F, cuando no estás dispuesto a crecer ni a instruirte a lo largo del camino, no tendrás impacto ni ayudarás a los que te rodean.

APRENDIENDO A TRAVÉS DE LA EXPERIENCIA Y SIENDO RESPONSABLE DEL CONOCIMIENTO

¿Qué sucede cuando una mujer le profetiza matrimonio a cada una de sus amigas solteras y ninguna de ellas se casa? puede aprender retrocediendo y asumiendo responsabilidad por cada palabra y aceptando que su entusiasmo fue mayor que su autoridad. Puede guardar sus palabras para orar en lugar de proclamarlas. ¿Qué tal un hombre que profetiza un gran avance financiero a todos sus amigos, pero se da cuenta de que sólo algunos avanzan rápidamente mientras que otros no obtienen ningún tipo de ayuda financiera, ni ningún cambio en su situación?, puede aprender la diferencia entre su entusiasmo y su deseo lleno de esperanza para sus amigos, los tiempos y la voz de Dios.

Aprendemos a partir de las cosas en las que constantemente nos equivocamos y en las que no. Al pastorear a profetas, me he dado cuenta de que hay algunos temas en los que son mucho más exactos proféticamente hablando – por lo general, en áreas en las que cuentan con más autoridad para hablar. Tengo un amigo que es brillante con las palabras sobre negocios y dirección, pero terrible con palabras sobre matrimonio y familia, esto no significa que no pueda profetizar en estos temas, sino que debería ser más pasivo en cuanto a cómo los comparte, debido a su historial de baja precisión e intuición limitada sobre estos temas. Sin embargo, ponlo frente a un grupo de negocios y por lo general dará en el blanco. Podemos aprender en qué área somos más talentosos y precisos – nuestra área de gracia – aceptando tomar riesgos conforme surjan en nuestros corazones.

ANALIZANDO NUESTRA EXPERIENCIA PROFÉTICA

1 Corintios 14:29 habla sobre el hecho de que toda profecía deberá ser pesada. ¿Qué significa eso de "pesar"? algo de lo que me he dado cuenta es que malinterpretamos muchas cosas como "palaba de Dios" cuando realmente son respuestas emocionales ante las circunstancias o a las hormonas:

¡Dios me dijo que me voy a casar contigo!

A veces provienen de la desesperación:

¡Dios me dijo que VOY A CONSEGUIR este trabajo!

Y entonces el trabajo no llega, pero lo deseábamos con tantas ganas que lo proclamamos como fe basada en la desesperación. A veces es algo que desearíamos tener:

¡Nos vamos a sacar la lotería!

Tenemos que analizar nuestras experiencias proféticas personales y empresariales para que podamos crecer, esto a menudo es malinterpretado, porque entonces la gente se siente obligada a crear un esquema de seguimiento que se convierte simplemente en una responsabilidad más que nunca se cumple. Déjame darte algunos grandes ejemplos de cómo puedes analizar una de las profecías que estés dando (o que te estén dando a ti):

1. Obtén retroalimentación: da retroalimentación a la persona profética (quien te haya dado una profecía).

Dile en que sí se conectó, qué falta por conectarse (o que podría nunca conectarse) con tu corazón o con tu espíritu. Conforme una persona recibe retroalimentación, esta empieza a crecer en él. Puede empezar a sentir cuando una palabra sea 100% exacta y/o cuando no lo sea. Puedes sentir qué partes han sido inspiradas por el Espíritu Santo y se han conectado realmente con su audiencia vs. qué partes se sienten como una motivación humana o como sus propios deseos de que ocurran cosas buenas. También puedes empezar a aprender qué está desconectado, que no ha sido inspirado y que no tiene nada que ver.

Tenía un amigo que estaba tratando de encontrar a sus padres biológicos y tenía muchas heridas paternas. Todo su filtro en ese tiempo era el de un padre que lastimaba a sus hijos y que los había abandonado. A veces daba profecías que pasaban a través de este filtro, junto con otras motivaciones muy reales. Después de alrededor de diez veces de recibir retroalimentación, pudo ver que todas las heridas paternales que veía en otros no se estaban conectando ni tenían nada que ver con ellos, pero que sí tenían mucho que ver con su propio proceso, entendió que debía alejarse de esos sentimientos durante los ministerios de oración con otros y concentrarse más en otras cosas, que siempre parecían ser exactas y útiles.

Mientras más conscientes estemos de nosotros mismos, más a menudo nos retiraremos de nuestro ministerio cada vez que sea necesario, mientras mejor sepamos lo que es efectivo, más nos enfocaremos en ser efectivos, cuando recibimos retroalimentación crítica, no significa que necesariamente sea una retroalimentación negativa porque nos ayudará a crecer.

Podemos tener un análisis crítico sin tener un espíritu crítico.

Por otro lado, cuando obtienes retroalimentación de que estás en lo correcto o de que tienes autoridad, te vuelves más susceptible a hacerlo de nuevo o a tener ese mismo impacto en el futuro, aprendes sobre la autoridad profética al ver cómo se manifestó en el pasado.

2. Como una persona que está tratando de crecer en el área de la profecía, dale seguimiento a toda la información que sea analizable y obtén retroalimentación sobre ésta. Si puedes dar seguimiento a lo que dices, anótalo y anota la información del contacto. Analízalo viendo si ocurre o si no.

He profetizado para muchos individuos, negocios, e Iglesias en cuanto a que Dios les daría un edificio en el cual podrían seguir los deseos de su corazón. No todos los edificios serían gratuitos, pero el Espíritu Santo los llevaría a maravillosas ofertas o mejoras o los colocaría en edificios diseñados perfectamente para ellos. Hasta ahora, he profetizado cincuenta y tres de manera correcta y tres no han ocurrido durante el periodo de tiempo que di. Ahora trato de no dar intervalos de tiempo porque no son importantes a menos que sea realmente claro (como en algunas de las cincuenta y tres ocasiones en las que acerté). Algunas de ellas sólo fueron intuiciones en cuanto al tiempo con una palabra clara y específica con respecto al mismo edificio, estoy aprendiendo cuándo tomar el riesgo y dar un periodo de tiempo junto con la palabra profética y cuando no hacerlo.

La retroalimentación y la evaluación no deben ser un momento para afligirse; deben ser herramientas naturales y de crecimiento. Si estás inseguro o te falta identidad en un área, tal vez te sientas agobiado por esta parte de la responsabilidad. No hay motivo para empezar a atormentarte sobre por qué no sucedieron las cosas. ¡El mayor motivo de celebración es que lo intentaste!, ¡Llegaste con la meta de dar amor a alguien a través de la práctica de los dones espirituales!, te sacaste una A+, pero aun así deberás seguir abierto a aprender. Mi mentor solía decir: *"Si mi profecía es certera, ¡en-*

tonces te bendigo!, si es errónea, entonces bendíceme por intentarlo. De cualquier forma, uno de nosotros, está siendo bendecido". Siempre decía esto para ayudar a las personas a superar el rechazo y el miedo al intentar profetizar.

3. Cuando des una profecía, grábala y escúchala otra vez posteriormente para analizar sus diferentes partes, cuando recibas una profecía, de manera individual o como comunidad, escúchala nuevamente en diferentes temporadas y observa si te sientes de manera diferente con respecto a ella en el futuro, a veces el tiempo y el espacio nos pueden hacer sentir diferentes sobre las cosas (como tu amor persistente por el narcisista de tu ex).

Recuerdo cuando un multimillonario asiático me profetizó que me convertiría en multimillonario, al iniciar un negocio que estaría ubicado en Asia, mientras yo todavía me encontraba en mis treintas. Dijo que me veía como una versión joven de él mismo, al principio me sentí muy emocionado y fortalecido por su palabra, aunque me sentía confundido porque yo no quería iniciar un negocio es ese tiempo, especialmente en Asia. Sus palabras parecían tener vida en mi ser emocional porque soy aventurero por naturaleza y todo el tiempo que estuve con él, soñaba sobre cómo podría pasar. Me presentó a la opulencia en los días en los que pasé tiempo con él y todo fue muy emocionante, soñé con el estilo de vida de los ricos durante un minuto y pensé de qué manera mi riqueza futura podría influir en la justicia social, era un sueño muy divertido, después regresé a casa, pasó un año y no tenía en absoluto ningún sentimiento de inspiración proveniente de esa palabra. Después de otro año más supe que ese hombre tenía un gran corazón, pero que no había escuchado a Dios hablar de mí, no había confirmación alguna y no me sentí para nada motivado a comenzar algún tipo de negocio y mucho menos en Asia.

No me convertí en un multimillonario a mis treinta en Asia.

4. Obtén retroalimentación tan rápido como puedas, mientras la profecía siga estando fresca, o si estás recibiendo la palabra, da a las personas quienes están profetizando retroalimentación inmediata, (inmediata no significa justo después), pero asegúrate de compartir con ellos lo que realmente fue importante de esa palabra. Si hubo algo parecido a una palabra de conocimiento que fue incorrecta, compártela también con ellos de una manera positiva y constructiva. Mientras más compartas lo que sí funciona con quienes están intentando, más rápido crecerán. La profecía es un conjunto de habilidades basadas en la relación, así que crecerá a través de la retroalimentación relacional.

Prácticamente, trato de darle a la mayoría de la gente, que ora proféticamente en mi nombre, retroalimentación y motivación (cuando son personas con las que tengo una conexión – amigos a los que puedo enviar un texto o escribir a través de las redes sociales o correo electrónico), me he dado cuenta que realmente aprecian que me tome el tiempo extra para conectarme con ellos, agradecerles su esfuerzo y compartir lo que fue especial. Aquí hay un ejemplo de uno que escribí recientemente:

La profecía fue de parte de una amiga de las redes sociales:

Shawn, siento que tu iglesia está a punto de pasar por una etapa con un objetivo evangelizador y que vas a ver a mucha gente salvarse, también siento que Dios quiere traer tanta salvación, ¡que vi quince iglesias ubicadas en la ciudad de Los Ángeles!, ¡Siento que vas a iniciar en todo tipo de lugares!, en nuestra iglesia contamos con tres recintos y siento que será algo parecido. También escuché a Dios decir: "Buen trabajo por amar a la gente de la industria del entretenimiento". Finalmente, ¿tu mejor amigo tiene el cabello rubio?, Porque sentí que Dios iba a usar a un hombre rubio de unos cincuenta años, que podría llamarse Dwayne. Al final escuche la canción "Catch a falling star" de Perry Como.

Esta fue mi respuesta y retroalimentación:

¡Muchísimas gracias!, nuestra iglesia se está enfocando mucho en la evangelización este año, ya bastante gente se ha convertido y estamos emocionados de ver a la gente salvarse. Si hubieras dicho esto en otro momento, podría no haber sido cierto, pero este año ¡vamos por esa meta más fuerte que nunca!

Hemos iniciado con grupos por toda la ciudad, y creo que hay alrededor de quince. No tenemos ninguna intención de empezar con otros recintos como tu iglesia en estos momentos, pero acabamos de iniciar con estos grupos y eso es muy alentador – probablemente parecido a lo que estás viendo- y eso realmente me motiva. Gracias por reconocer nuestro trabajo en la industria del entretenimiento, es una de las cosas que como sabes nos apasiona. No, no tengo un amigo llamado Dwayne y mi mejor amigo es guatemalteco y tiene el cabello negro. Archivaré esa palabra por ahí. Por último, la canción casi me hace llorar porque tiene un gran significado para mí. Dios nos dijo, a través de una niña pequeña en África y una niña pequeña aquí en Estados Unidos, que estaríamos apoyando y amando a celebridades caídas, sin dejarlos alejarse de su destino eterno. También eso está sucediendo. Una niña de nueve años en Estados Unidos me cantó esa canción, ella no tenía idea de que trabajábamos en la industria del entretenimiento y su mamá no tenía idea de que la niña hubiera escuchado o se hubiera aprendido la canción.

¡Muchísimas gracias!

Shawn Bolz

En mi retroalimentación, la persona podía escuchar la amplia variedad de cosas en las que había atinado, lo que dijo con lo que no había conexión y el tema con el que se relacionaba, lo que ya sabía sobre mí y fue motivador (fuera de ese conocimiento), y lo que era erróneo. Finalmente, me llegó al corazón con tan sólo mencionar la canción que significaba mucho para mí. Puedes aprender muchísimas cosas de una sola retroalimentación.

5. Cuando das una profecía para una empresa, permite que la analicen. No trates de acomodar los detalles para hacer que concuerde. En cuanto a los directivos que reciben una profecía para su empresa: analicen la palabra en base a todas las otras cosas que Dios le está diciendo a la dirección y a la comunidad.

He visto a personas desviarse de sus prioridades y metas actuales después de recibir una profecía emocionante de alguien que no está conectado con su comunidad o con ellos relacionalmente hablando. Cualquier palabra profética que recibas de personas como estas deberá ser confirmada o por lo menos deberás sentir que fluyen con las cosas que en ese momento estás construyendo con Dios. Si una palabra no coincide, deberás archivarla y esperar su confirmación. La gente que no tiene relación contigo no conoce tu historia, tu viaje, lo que Dios está diciendo o lo que ha dicho, lo que está pasando en tu comunidad, etc. Por lo tanto, cuando profetizan sobre ti, pueden decir grandes y emocionantes cosas que no tienen ninguna relevancia... pero sientes que las palabras son emocionantes o permites que le roben tu atención a las cosas en las que realmente necesitas concentrarte. Muchas veces es fácil para el profeta visitante exagerar la profecía involuntariamente debido a la falta de relación. Vi a un profeta llegar a una ciudad y profetizar sobre un negocio familiar en cuanto a que iba a llegar a ser uno de los negocios más influyentes de la ciudad, cuando lo que Dios realmente estaba tratando de comunicar era que iba a utilizar a esa pareja para influir en otros a través de su negocio.

Otro ejemplo es cuando veo a personas profetizar para pastores: "¡Tú eres el elegido por Dios para traer tal y tal cosa a la tierra!" cuando sólo han sido llamados para ser unos de los muchos fieles que se dedican a ese llamado. En otras palabras, parte de la responsabilidad de un grupo al momento de analizar la palabra es eliminar la exageración y el posible elitismo y discernir a qué esfera de autoridad e influencia va realmente dirigida la palabra. Si Dios le dice al director de negocios: "Quiero darte más influencia" (y esa es una instrucción para ayudarlo a involucrarse en la siguiente feria de trabajo de la ciudad, la cámara de comercio, la oficina del alcalde, etc.), pero la persona profética dice que el director tiene la empresa más influyente y adinerada del país, el director podría perder el tiempo en vez de realmente beneficiarse con el tema de la palabra.

Un ministro profeta influyente y popular fue invitado a una iglesia de Texas con la que tiene mucha química, está iglesia se encuentra muy aislada y no pierde tiempo desarrollando relaciones con los líderes de la ciudad o con otras iglesias, así que alienta el comportamiento propio de una secta con algo de elitismo. Este ministro desconocía el impacto negativo que tenía en la cultura local, dado que ahí él es celebrado, comenzó a profetizar que ellos eran "LOS APOSTOLES DE LA CIUDAD" (Imagina una voz en un anuncio mexicano).

El problema con esta palabra era que no estaban haciendo ningún trabajo de apostolado en su ciudad. Usaban la palabra para inflar su sentido de importancia, dándose a sí mismos el título de apóstoles, por encima de su propio trabajo de alrededor de cien personas. La ciudad seguía considerando a los líderes de la iglesia como raros, inútiles y narcisistas, pero esta palabra fortalecía tanto la autoproclamación que los pastores exigían que otras iglesias los trataran con un nivel mayor de respeto debido a que habían recibido dicha profecía, asistían a las reuniones de la iglesia en la ciudad y querían asientos y estacionamiento especial, cuando no habían contribuido de ninguna manera tangible a la iglesia de su ciudad, eso demuestra que tan mal se pueden poner las cosas cuando la cultura de una iglesia hace mal uso de una profecía y la utiliza para aprobar de manera egoísta un mal comportamiento - lo cual generalmente pasa cuando una iglesia no está conectada con la realidad ni con las relaciones, tanto con Dios como con la gente.

RESPONSABILIDAD PROFÉTICA

Por favor, practica la responsabilidad dando seguimiento a tus palabras y alentando la retroalimentación constante. Nadie querrá tanto tu crecimiento como tú mismo, solía tener un equipo a mi alrededor que hacía mucho de este trabajo por mí, pero simplemente no traía los mismos frutos que cuando lo hacía yo mismo, todavía trato de dar seguimiento a ciertas profecías y obtener retroalimentación sobre ellas, es verdad que al hacerlo vas más despacio, tendrás que parar y conseguir la información de contacto de las personas y tendrás que tener más conversaciones de las que hubieras planeado. La profecía es un conjunto de habilidades sociales, por cada palabra a la que le des seguimiento, tendrás que crear una o dos conversaciones más alrededor de ésta. Los días en que un profeta tenía una personalidad solitaria han terminado.

Un momento de honestidad humana: A veces no quiero dar tantas palabras proféticas porque sé que crearan conversaciones futuras, ¡pero qué conversaciones tan maravillosas son!

Otra forma de definir la responsabilidad profética es llamándola responsabilidad relacional, un conjunto de habilidades esenciales para todo aquel que desee crecer en autoridad sobre el tema. No puedes tener responsabilidad relacional a menos que tengas cierto nivel de autoconsciencia o inteligencia emocional. Tratamos constantemente de conectar esas habilidades en nuestra gente, hemos visto que la mayoría de las personas que actúan de manera rara no lo harían si supieran cómo no hacerlo.

EL PROFETA GEORGE (LOS NOMBRES HAN SIDO CAMBIADOS)

Un día organizamos una clase profética a nivel regional y muchos de nosotros llegamos temprano a preparar y a organizar todo. Algunos de los estudiantes nuevos también vinieron a ayuda y uno de ellos se me acercó. Se veía lo suficientemente normal, a excepción de sus ojos y de su expresión facial, su cara hablaba por él: estoy esperando a que me elijan en la clase para hablar. Estaba desesperado por decirme algo. Era muy anticuado en su estilo y en su género de ministerio profético, y no había desarrollado bien su don.

"Soy el Profeta George Band (los nombres han sido cambiados), ¡y tengo muchos mensajes de Dios para usted!, ¡Dios me ha enviado para instruir a muchos!" Estaba muy emocionado de conocerme, pero no se sentía como un entusiasmo saludable, especialmente porque nosotros estábamos dirigiendo la clase de profecía y nunca había escuchado hablar de él. Inmediatamente nos sentimos un poco desconfiados por cómo se estaba invitando solo a nuestra clase como maestro en vez de como estudiante, amigo o líder.

"¡Hola Profeta George!" dije, estrechando su mano. *"Vamos a conocernos mutuamente. ¿Te puedo hacer algunas preguntas?"*

"¡Por supuesto!" respondió, esperando que le hiciera algunas importantes preguntas espirituales.

"¿En dónde celebraste la navidad el año pasado?"

Estaba muy confundido. Se me quedó viendo como si yo realmente no hubiera podido hacerle una pregunta tan insignificante "al profeta". Creo que decidió responderla sólo porque lo confundió mucho.

"Hmm, no me acuerdo." Me miró, preguntándose si esta era una pregunta seria. Cuando se dio cuenta que sí, respondió: *"Fui a la casa de un amigo pastor."*

"Maravilloso. ¿Este pastor es uno de tus amigos más cercanos?, ¿Fue aquí en la ciudad?"

"No, lo acababa de conocer a él y a su esposa, y fue a unas cuantas horas de aquí. Ellos dirigen una pequeña iglesia Pentecostal en la que a veces ministro".

"¿Y qué tal hace algunos años?"

No podía acordarse. Pensó que tal vez una navidad había ido a un comedor comunitaria a ayudar, y se sintió muy bien de haber dado esa respuesta.

"¿Qué hay de los cumpleaños? ¿Quién celebra contigo todos los años, y a quiénes llamas en sus cumpleaños?" le pregunté.

No podía pensar en nadie que fuera constante, y se sentía confundido de por qué le hacía preguntas tan irrelevantes, pero eran importantes para mí durante esta presentación.

"¿Has estado en el hospital por alguna razón en los últimos años?" pregunté.

"Sí. Me tuvieron que operar."

"¿Quién te fue a visitar mientras estuviste ahí?, ¿O te acompañó alguien?"

"Bueno, algunas mujeres de la iglesia fueron a verme y oraron por mí." Titubeó.

"Debió haber sido un momento muy difícil," comenté, con genuina compasión. *"Pastoreó esta iglesia con algunos de mis mejores amigos. ¿Quiénes son tus mejores amigos?"*

No tenía ninguno.

"Profeta George, Yo verdaderamente valoro mucho la conexión que tienen las relaciones con nuestros dones proféticos y tú estás tan desconectado en cuanto a relaciones que no estoy seguro de querer recibir espiritualmente de ti. Eres bienvenido en esta clase para crecer y adquirir sabiduría sobre la gente y sobre cómo funciona la profecía en el contexto de las relaciones, pero no confío en la forma en que llevas tu ministerio porque no está basado en la amistad. Comprendo si eso te hace sentir limitado. ¿Te suena lógico?"

"Bueno, sí. Nadie nunca antes me había dicho eso, ¡pero yo soy profeta!" Se escuchaba algo triste y también a la defensiva, era todo lo que había valorado, por lo que había peleado y lo que le pertenecía.

"Es maravilloso que seas profeta, pero no necesito a alguien con una herramienta bajo el cinturón, necesito gente que quiera pelear por las relaciones y usar eso como herramienta para construir un reino de amor. Si puedes hacer eso, por favor quédate." Me alejé para comenzar la clase

Me di cuenta que no estaba seguro si se quería quedar o si se quería ir, estaba acostumbrado a ir a lugares en donde se podía parar y compartir la palabra y que la gente le aplaudiera, estaba acostumbrado a profetizar para extraños por toda la ciudad, pero no tenía amigos. Ni siquiera sé si se sentía contento en cuanto a otra parte de su vida, porque no había nada que él valorara fuera de su don profético.

Decidió quedarse a la clase, ¿y sabes qué? ¡Avanzó muchísimo!, ¡Hizo amigos!, ¡Celebró cumpleaños! y también le celebraron el suyo, fue al cine y compartió comidas e invitó a personas al primer departamento que tuvo (antes de esto vivía en hogares comunitarios y en casas de ministros en donde no había ningún espacio privado). Se alejó permanentemente de su manera de actuar porque ya estaba en familia.

TENER RESPONSABILIDAD PROFÉTICA SIGNIFICA SABER A QUIÉN PUEDES AMAR

¿Deseas que tu autoridad crezca para poder dar profecías poderosas?, ¡Crece en el amor! ora y enamórate de tu cónyuge, de tu familia, de tus amigos, de tus compañeros de trabajo, de tu iglesia, de tus vecinos, de tu ciudad, y tendrás perspectivas espirituales para compartir que encontrarán oídos por todos lados que querrán escuchar. Algunas personas creen que la influencia profética es difícil de medir porque piensan que tienes que contar las palabras con las que has tenido un impacto en la gente, esa no es una medida para la influencia profética, la verdadera medida es autoevaluar que tan bien llevas a la gente en tu corazón con amor espiritual, de manera que cada vez que hablas con ellos, los acercas a la plenitud, esta influencia se siente y se mide fácilmente.

CAPÍTULO 13

PONIÉNDOLO EN PRÁCTICA

Recuerda esto: ¡Puedes profetizar si así lo deseas! ¡Puedes ver más frutos que cualquier otra generación haya visto! ¡Es tu momento!

Los dones proféticos en la mayoría de los círculos se espera que simplemente sucedan, sigue sin haber un salón de entrenamiento, ningún área para practicar, ninguna escala de crecimiento, tenemos que romper esta burbuja y liberar un ambiente en el que la gente pueda crecer.

Mi primer mentor dentro de la profecía sigue siendo una de mis personas favoritas, ella me ayudo a tener fe en que podía escuchar a Dios e hizo que cada intento que hacía en lo profético fuera validado al compartir su propia experiencia y fe. Podíamos orar juntos por otras personas y yo le compartía mis visiones de principiante y ella les agregaba más cosas para convertirlas en un jonrón. Me daba retroalimentación que era súper honesta y a veces correctiva, pero siempre creyó en mí, eso me preparó para querer crecer, no sólo para escuchar a Dios sino para ayudar a otros.

SE REQUIERE DE MUCHA PRÁCTICA

Lo más importante que plantó en mi corazón fue la consciencia de que iba a requerir de mucha práctica antes de que me sintiera cómodo conmigo mismo y con mis dones, convertía todo en una práctica, pero de una forma divertida. ¿Vamos al cine? oremos por los que recogen los boletos. ¿Vamos al supermercado? oremos por el señor que no tiene hogar. ¿Vamos a divertirnos al parque? oremos por las personas que están jugando béisbol, era intrépida en su enfoque para crecer y me hizo valorar el mejorar cada vez más.

Por alguna razón, muchas personas creen que los profetas pueden evitar la práctica y el proceso de desarrollo de habilidades. ¿Te puedes imaginar escuchando los primeros cincuenta mensajes de Joel Osteen? estoy seguro que uno o dos habrían sido muy inspiradores para aquellos que lo conocían, pero la mayoría de nosotros habríamos pensado, "a este tipo todavía le falta crecer mucho. Mejor voy a escuchar a Jack Hayford". Nadie me hubiera pagado por ir a hablar en base a mis primeros cinco años de ministerio, pero Mike Bickle y el equipo de profetas de la ciudad de Kansas de cualquier forma me permitieron acompañarlos y hablar durante las sesiones principales. Fue la gracia de ellos, no de las Iglesias organizadoras, los que me abrieron el camino. En otras palabras, no se necesita de cien, sino de mil intentos de hablar en público y enseñar antes de volverte decente y reconocible, y eso si lo haces de una forma educativa. Por alguna razón, esperamos que las personas profeticen como expertos durante su primera temporada de prueba, pero nunca sucede así en un contexto que se pueda mantener.

Cuando viví en la ciudad de Kansas, intencionalmente compartíamos viajes con mucha gente de nuestra iglesia local y practicábamos la profecía en sus autos. Una manera de practicar es orando por amigos y familiares que nosotros conocíamos pero que los demás en el carro no conocían. Trataban de escuchar a Dios con respecto a sus familiares y después hacer preguntas para ver si habían escuchado bien, "¿Es una mujer en sus treintas?, ¿Es un hombre mayor?, ¿Están iniciando en un nuevo trabajo?", al principio sonaba como el juego de veinte preguntas, porque todos juntos tratábamos de escuchar a Dios y practicábamos en un lugar seguro. No le atinábamos a miles de cosas. Incluso yo, dirigiendo en ese tiempo, obtenía mucha información equivocada… pero entonces algo cambio. Dios honro nuestra inquietud y comenzamos a tener gran precisión. Aprendimos en ese tiempo, a sentir la diferencia entre nuestros pensamientos y los de Dios, sentíamos el diferente peso que tenían algunas de nuestras impresiones y otras a las que estábamos apegados emocionalmente.

Hacer cosas como esta durante veinte años me ha ayudado a tener fe en este flujo actual de palabras de conocimiento. Dar palabras de conocimiento es muy riesgoso, porque ya sea que uno acierte o no. No hay lugar para la interpretación. Todos estos años de práctica, crecimiento en la fe y comprensión, crecimiento en mi relación con Dios y aprendizaje de mis maneras únicas de escucharlo me han ayudado inmensamente. Actualmente me llegan muchas profecías por palabras de asociación, por ejemplo, cuando veo a alguien que me recuerda a uno de mis amigos de cuando era niño y me doy cuenta que está es la manera en que Dios me está enseñando que esa persona tiene el mismo nombre o fecha de nacimiento. Cada uno de nosotros escucha de manera diferente.

Salí a comer con un hombre que básicamente había descartado mi ministerio considerándolo como un show de circo cristiano, pero quien se sentía intrigado. Yo sabía que era un hombre muy rico e influyente en el país en el que nos encontrábamos. Hablamos durante horas después de la comida con su esposa y mi amigo/asistente, en un momento dado, antes de que nos retiráramos, su esposa nos pidió que oráramos por ellos, quería orar con toda mi voluntad porque habíamos tenido muy buena química, pero sabía que a él no le interesaba la profecía y deseaba darle a Dios una oportunidad para llevar su amor al corazón de este hombre tan profundamente como fuera posible.

Recuerdo que una vez, durante una larga excursión, tratamos de adivinar nuestros números de cuenta, debo mencionar que estábamos entusiasmados en la fe y orábamos por ello, pero era tan profético como tratar de averiguar los números de la lotería. Fallamos ese día en proporciones épicas, conforme recordaba nuestro ensayo y error en cuanto a esos números, comencé a ver que un número se formaba en mi cabeza, era un número muy largo y empecé a decirlo en voz alta porque sabía que se me olvidaría. Era una mezcla de letras, números y símbolos. El hombre se quedó sin aliento cuando llegué a la mitad. Mi amigo pensó que yo estaba teniendo un ataque de nervios, porque dice que sonaba como una computadora leyendo un código, después de unos veintitantos caracteres terminé.

"¡¿Cómo sabes ese número?!" Estaba enojado, sus nudillos apretando firmemente la mesa.

"Lo acabó de escuchar de Dios. Me dijo que se preocupa por la seguridad más de lo que lo haces tú."

Le tomó un segundo, pero dijo, *"Dios realmente habla. Ese es mi número de cuenta de banco más privada, y lo cambio casi cada mes. ¡No lo puedo creer!"*

Su esposa rió y dijo: *"¡Ni siquiera yo lo sé! ¡No me lo quiere decir!"*

Pudimos hacer una ministración hermosa para ellos. ¿No es asombroso que todas aquellas veces de práctica e incluso de fracaso me prepararon para tomar ese riesgo? El haber intentado hacerlo años atrás, fijo un patrón en mi corazón que le permitió a Dios retomar donde lo había dejado – años antes. Lo que se sintió como un fracaso épico fue lo que me dio el valor de intentarlo otra vez.

UN RIESGO ENRIQUECEDOR

En nuestra iglesia local y entre nuestras amistades, el riesgo debe ser recompensado, no sólo el éxito, se requiere de mucho más valor y devoción seguir tratando de profetizar o dar palabras de conocimiento. Imagínalo como un entrenamiento atlético. Cuando estaba aprendiendo a profetizar, teníamos un directorio en la iglesia muy anticuado sólo con nombres, números de teléfono y a veces direcciones. Me fijé como meta llamar a entre siete y catorce personas a la semana durante casi dos años para que pudiera orar por ellos y tratar de alentarlos, teníamos miles de miembros, así que nunca llegué al final del directorio, pero aprendí todos los días a través de mi ministerio de oración con ellos. Después de alrededor de cientos de llamadas, ya había acumulado algo de habilidad para iniciar la conversación, terminar la oración, conectarme con lo que veía en sus corazones, etc. Se requiere de tiempo y práctica.

CELEBRANDO LOS FRUTOS

Una vez que empiecen a dar seguimiento como comunidad a las profecías personales o grupales, podrás celebrar su fruto. Mis amigos cercanos me señalan constantemente cuánta fe he desarrollado en ellos al buscar enormes visiones en mi vida o al intentarlo y profetizar para otras personas, es muy enriquecedor estar cerca de otros por un largo plazo y compartir los testimonios de la bondad de Dios, parte de celebrar las palabras fructíferas sólo ocurre dentro del contexto de una comunidad comprometida. ¿Escuchas correctamente y de manera que fortaleces al mundo que te rodea? tu familia y amigos mantendrán vivas las celebraciones de tus profecías.

HACIENDO HISTORIA EN UNA COMUNIDAD

"Haz historia con Dios y Él hará historia a través de ti." BILL JOHNSON

Conforme desarrollas una historia de palabras proféticas conectadas y precisas, el mundo a tu alrededor comenzará a escucharte o a buscarte. La gente empezará a buscar a Dios en ti para transformar sus problemas y sus vidas, una vez que empieces a desarrollar una historia personal de lo que te funciona y que hayas medido, comenzarás a crecer en una influencia a largo plazo. Por supuesto, siempre hay nuevas personas y grupos que conocer y con quien conectar que no conocerán o no se verán reflejados en tu historia, pero crearlo dentro de una esfera te ayuda a ser audaz en otras. Ver a Dios a través de tu historia te hará sentirte más seguro, tomar mayores riesgos y creer que habrá más. Escuchar a Dios y ver el fruto de tus palabras es adictivo, porque ves que estos dones y tu relación con Dios hacen una enorme diferencia en el mundo que te rodea.

David mató a un león y a un oso, espiritualmente estaba listo para Goliat, sabía que había ido por un viaje profético con esos animales, por lo que los filisteos no eran nada comparados con el poder de Dios que trabajaba en su interior. Recuerdo cuando me llevaron con un comité empresarial del que yo formaba parte y me pidieron que orara con ellos con respecto a una decisión, no escuché a Dios hablarme sobre cada uno de ellos, sino que pude ayudarles a discernir lo que estaban sintiendo y escuchando; y, a veces a mí también me llegan revelaciones, después de algunos años de tomar riesgos de manera exitosa, dar mensajes proféticos y discernir lo que Dios les decía, me incluyeron en una decisión importante.

Me pidieron que orara con ellos sobre la adquisición de cierto hotel, ellos no estaban dentro del negocio de hotelería, pero había surgido esta gran oferta y negocio. Oramos juntos durante un rato y me llegó una "imagen" del hotel, los problemas actuales que tenía, el mercado de esa región el cual aumentaría después de tres años e incluso la decoración, después de orar, tenían suficiente valor, en base a mi historia con ellos y en lo que ellos mismos sentían (sobre el negocio y de parte de Dios) para asumir el riesgo y comprar el hotel, fue una gran inversión que les generó cientos de miles de dólares en diez meses, lo cual fue un asombroso beneficio para su pequeño negocio financiero.

Cuando nos tomamos el tiempo para desarrollar una historia, orar juntos y tratar de escuchar juntos, creamos una relación confiable de fe e inspiración que muy pocas áreas de nuestra vida pueden mantener.

INTERPRETANDO A DIOS

Al tratar de escuchar a Dios, también tenemos que interpretarlo, muy parecido a lo que haría un traductor de una lengua extranjera para las Naciones Unidas, tratamos de traducir a Dios. Los inmigrantes que aprenden inglés en sus países nativos se dan cuenta que sus conocimientos en cuanto a vocabulario y reglas gramaticales no siempre son útiles en Estados Unidos. Cuando hablan con el inglés que aprendieron, las entonaciones nativas de su voz pueden ocasionar que nuestras palabras conocidas signifiquen diferentes cosas. Para convertirse en intérpretes/traductores exitosos del inglés, también tienen que aprender los modismos locales y las sutilezas culturales, tienen que entender la cultura humana que les rodea, no sólo las palabras. También se nos llama a traducir las palabras de Dios – enviadas desde la cultura de su reino, sutilezas relacionales y lenguaje espiritual – para las personas que realmente necesitan entender quién es Él.

Esto requiere de un proceso para realmente entender cómo habla Dios y como relaciona las cosas contigo. Cuando leas los escritos de Pablo, podrás escuchar en el lenguaje que él usaba que los deportes eran importantes para él, habla sobre ser un atleta e ir por la vida como si fuéramos a ganar la carrera. Dios usaba este lenguaje para comunicar principios directos de manera que nos pudiéramos relacionar más fácilmente con sus palabras. Pedro no entendía cómo relacionarse con los gentiles, así que Dios tuvo que utilizar la visión de un lienzo de alimentos impuros con la que se pudiera identificar. Los romanos crearon un altar para un dios desconocido con el fin de no ofender a ninguno de los dioses que habían reconocido y entonces los apóstoles lo pudieron utilizar para predicar sobre el reino.

No puedes interpretar lo que no sabes o lo que no entiendes y el tipo de conocimiento del que estamos hablando no está basado en el saber, está basado en el corazón, estás traduciendo la cultura del paraíso y el corazón del Padre. Si quieres crecer, conoce la cultura de Su corazón, observa todas las maneras en que se comunica contigo, estudia la historia, averigua de qué forma ha hablado en movimientos religiosos cerca de ti, trata de imaginarlo dentro de la cultura popular de hoy en día; practicar esto te ayudará a ver todo un nuevo nivel de Dios.

Recomendación para Reforzar la Responsabilidad Personal: ¿Quieres saber cuál es mi recomendación para que crezcas más rápido? Te di la fórmula para dar seguimiento, medir, pesar, ahora es el momento de asumir el compromiso de crecer de una manera educada para que puedas dominar los dones proféticos. Hay personas que tienen una facilidad para la profecía o un llamado soberano para moverse dentro de ella, pero a diferencia de la música, para la cual se necesita talento, todos hemos sido creados para escuchar a Dios, todos podemos desarrollar las habilidades y la relación para hacerla maravillosa. Dale seguimiento y crecerás más rápido.

ESCUCHA OTRAS HISTORIAS DE DIOS

Una de las maneras más fructíferas para crecer es atesorar las historias de Dios de otras personas. Le enseñarán a tu espíritu lo qué es posible y te ayudarán a tomar nuevos riesgos que tu imaginación jamás haya visto. Tu espíritu está buscando nuevas maneras para repartir el amor de Dios y eso es fácil cuando te llenas de historias auténticas y factibles, no te puedo decir con cuántas historias he alimentado mi fe, me ha ayudado a fijar un estándar alto para mi viaje. Tengo la sensación de que Dios nunca pone algo frente a nosotros que no podamos reproducir, si lo vemos, nos está inculcando fe para cuando ocurra algo similar o para testimonio de nuestras vidas. Cuando escucho a pastores, oradores públicos, misioneros o a gente de negocios compartir maravillosas historias de Dios, sé que escucharlas puede ser una invitación para recrearlas. ¿Escuchas de esa forma? ¡También es una invitación para ti!

RECONOCE TU PROPIO CRECIMIENTO

No te enganches con lo que no tienes o con lo que no está ocurriendo. Concéntrate en ser agradecido por lo que hay, lo que estás logrando y lo que es una verdadera revelación y Dios lo multiplicará.

¡Es momento de interpretar a Dios en este mundo! ¡Entra a todos los lugares en donde puedan glorificarlo!

ACERCA DEL AUTOR

Shawn Bolz es el autor de *The Throne Room Company (La compañía del cuarto del trono), Keys to Heaven's Economy: An Angelic Visitation from the Minister of Finance (Las llaves para la Economía del Cielo: Una visita angelical del ministro de las Finanzas)* y de *The Nonreligious Guide to Dating and Being Single (La Guía no religiosa de estar en una relación y estar soltero)* y también es un orador internacional, pastor y profeta.

Shawn ha sido ministro desde 1993 y estos días es reconocido por su fuerte don profético y su nueva perspectiva bíblica. Shawn dio clases, pastoreó, y profetizó en la *Metro Christian Fellowship* con Mike Bickle en los años 90 y a principios de los 2000 se unió a la *International House of Prayer* en la ciudad de Kansas. Después de mudarse de la ciudad de Kansas en el 2005, fundó y sigue pastoreando Expression58 en Los Ángeles—una sede de misiones e iglesia enfocadas en entrenar y preparar cristianos, fomentar las artes creativas y amar a las personas de la industria del entretenimiento y a los pobres.

Shawn es miembro del consejo y representante de *The Justice Group* ubicado en Los Ángeles, California, con quienes ha trabajado sobre problemas de justicia social y operaciones de misiones alrededor del mundo. Él y su esposa también son los fundadores de Bolz Ministries—creados para inspirar y fortalecer el amor de Dios alrededor del mundo y de iCreate Productions, fundada para producir excepcionales medios de comunicación que motiven y transforme la cultura. Shawn vive actualmente en Los Ángeles, California con su esposa quien también es ministra y sus dos hermosas hijas.

RECONOCIMIENTOS

Hoy en día me encantan las palabras de afirmación y de amor que dan crédito a lo que merece crédito, por lo que pongo esto en la parte posterior del libro para que los lectores que tienen una aversión al sentimentalismo no tengan que leerlo, este es más bien un agradecimiento para las personas que concretamente estuvieron involucradas en mi proceso profético y en mi ministerio

Primero quiero agradecer a mi esposa, Cherie, quien me ha enseñado y ha cultivado en mí un amor que me ha cimentado y que me ha dado límites sanos. Tus límites para el amor y tu protección hacia las relaciones que valores son un gran modelo de salud y de vida para mí. Eres una persona inspiradora y aunque tengo que compartirte con el mundo, eres mía. Nuestra familia es lo más preciado para mí, y tu creencia y celebración de mí es súper importante. Te amo y a las niñas muchísimo.

Quiero agradecer a mis padres por enseñarme que el Espíritu Santo no se encogió en una versión de sí mismo en mi interior. Larry y Stacia, sacaron Su voz de nosotros sus hijos desde cuando éramos pequeños. Nos enseñaron y nos pusieron como modelo la vida sobrenaturalmente natural del cristianismo y estoy eternamente agradecido. Ustedes son mis padres y mis padres espirituales y mi corazón no necesita de mejoras gracias a que ustedes han sido mis principales mentores. ¡Qué hermoso!

Quiero agradecer a Theresa Lea, mi mentor de adolescentes y jóvenes. Siempre usaste tu don profético para ir a un nivel profundo con Dios, más que cualquier persona que haya conocido. Tu relación con el Espíritu Santo inspiró tu relación con la voz de Dios y tocó a todos a tu alrededor. Estoy muy agradecido contigo.

Quiero agradecer a Expression58, mi iglesia, por ser la incubadora de la cultura del amor profético que tenemos (en crecimiento) y del que hablo en este libro. Ustedes son muchos para nombrarlos a cada uno y estas páginas estarían llenísimas si empezara a hacerlo, pero ustedes preparan a las personas en el proceso de fortalecimiento. Su gracia hacia mí me ha permitido explorar esta nueva etapa de la profecía y me ha dado la gracia para viajar tanto. Gracias Jona y Jennifer Toledo, nuestros co-pastores, por ser los amigos que necesito, y por sus maravillosas vidas que me inspiran todo el tiempo, ambos me enseñan cómo escuchar a Dios por todo el mundo, desde niños hasta adultos y se han convertido en un modelo de familia para nosotros.

Quiero agradecer a Mike Bickle y a todos los que participaron en mi desarrollo profético durante el tiempo que pase en la ciudad de Kansas, específicamente a David Dreiling, un auténtico judío, quien fue el primero en proclamar y enseñar que no tienes que ser más grande que ninguna persona a tu alrededor para divertirte. Sé que ahora estás en el cielo, y te extrañamos; y, a Jill Austin, cuyo legado hizo del Espíritu Santo nuestro amigo y me contó historias de Dios durante miles de horas mientras que también escuchó las mías. Nunca ha habido dos personas que se interrumpan el uno al otro más que nosotros.

Quiero agradecer a Rick Joyner y a Morning Star Ministries por ser pioneros y por recibirme como un miembro de su familia extensa. Rick, David Yarnes y el resto de los amigos y familiars de Morning Star, ¡estoy muy agradecido!

Quiero agradecer a Heidi y a Rolland Baker por mostrarnos lo que escuchar la voz de Dios puede lograr para transformar a los pobres que hay en la tierra. De manera personal me han sentado las bases del amor del que habla este libro, sólo a través de su ejemplo y el tiempo que hemos pasado juntos.

Quiero agradecer a Che y a Sue Ahn y a HRock/HIM por ser tan buenos para mi crecimiento y mi corazón. Gracias por la relación y las oportunidades de crecer y dar lo que soy. Me encanta ser parte de la familia.

Por último, quiero agradecer a Bill y a Beni Johnson y a la familia Johnson, Kris y Kathy Valotton, Danny y Sheri Silk, y al resto de mi familia de Bethel. Me da una inmensa alegría ser parte de su familia. (Hay muchos de ustedes para nombrarlos a todos, así que me voy a concentrar en los papás y las mamás). Gracias por ser un lugar de amor y de fe y por proporcionar la gracia para que esta nueva temporada profética surgiera. Tengo todo el valor gracias a su buena fe y me siento en casa con su cariño.

INTERPRETANDO A
DIOS

ESCUCHANDO LA VOZ DE DIOS PARA TI MISMO Y PARA EL MUNDO QUE TE RODEA

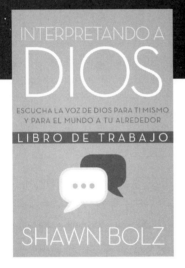

LIBRO DE TRABAJO

Actívate con las historias inspiradoras de Shawn y el uso de activaciones, preguntas, y diferentes formas que el incluye en este libro de trabajo transformador para llevar un registro de tu progreso. Ya sea de manera individual o en grupo, aprenderás a:

- Desarrollar tu relación con Dios y con los demás.

- Recibir y entender la revelación.

- Desarrollar y nutrir intencionalmente tu habilidad en lo profético.

- Convertirte en la expresión completa de Dios para amar por medio de su revelación y su voz.

www.BolzMinistries.com

LOS SECRETOS DE
DIOS

una vida llena de
palabras de conocimiento

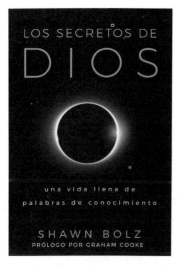

¡TU PUEDES CONOCER LOS SECRETOS DE DIOS Y USAR ESE CONOCIMIENTO PARA TRANSFORMAR EL MUNDO A TU ALREDEDOR!

Shawn Bolz comparte sus historias, pensamientos y entendimiento bíblico para darte las claves para acceder a los secretos de Dios.

Las personas están pagando millones de dólares por información y conocimiento sobre temas relacionados a negocios, economía y política. Dios tiene las respuestas, e hizo que sus secretos se puedan descubrir por cada creyente que busca una relación cercana con Él. En *Los Secretos de Dios*, aprenderás a como:

- Obtener acceso al profundo conocimiento y sabiduría de Dios.
- Compartir la mentalidad de Dios.
- Inspirar y empoderar a otros con los pensamientos y sueños de Dios.
- Usar palabras de conocimiento en situaciones de la vida cotidiana.
- Conectar Su amor hacia toda Su creación, la cuál te incluye a ti.

Los secretos de Dios son compartidos a través de palabras de conocimiento, uno de Sus dones de relevación más incomprendidos. Viaja con Shawn mientras él expone este don de manera relacionable y gana una nueva perspectiva con la dirección de Dios para tu negocio, tu hogar y tu manera de ver el mundo.

DIOS QUIERE QUE DESCUBRAS SUS SECRETOS. ELLOS TE CAMBIARÁN Y CAMBIARÁN AL MUNDO A TU ALREDEDOR.

www.BolzMinistries.com

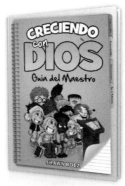